普通高等教育"十二五"规划教材

高等院校经济管理类实验教材系列

纳税申报与筹划实训教程

龙江滨　主　编

张晓艳　冯　英　林　利　鲁俊毅　副主编

科学出版社

北　京

内 容 简 介

本书是高等财会类专业主干课程《税务会计》和《税务筹划》实践教学环节的配套实训类教材。全书分为三大模块。模块一是税务登记及发票管理实训,主要包括开业税务登记、变更税务登记、注销税务登记以及发票的领购及缴销实训。模块二是纳税申报及缴纳实训,主要包括增值税、消费税、营业税、企业所得税、印花税、车船税、房产税、契税、城镇土地使用税、土地增值税等税种的纳税操作流程实训。模块三是纳税筹划实训,主要包括企业设立、企业购销、企业会计核算、企业筹资和企业投资中的纳税筹划的思路、方法、技巧的实训。

本书实训内容具有针对性、实用性和可操作性,并结合计算机技术,突出信息化特点,提升学生运用信息化手段解决实际问题的能力。

本书可作为高等院校财经类及相关专业实验实训教材,也可作为企业财会人员、经济管理部门的管理人员培训和自学用书。

图书在版编目(CIP)数据

纳税申报与筹划实训教程/龙江滨主编.——北京:科学出版社,2011
(普通高等教育"十二五"规划教材·高等院校经济管理类实验教材系列)
ISBN 978-7-03-031670-7

Ⅰ.①纳… Ⅱ.①龙… Ⅲ.纳税—税收管理—高等学校—教材 ②税收筹划—高等学校—教材 Ⅳ.①F810.423

中国版本图书馆 CIP 数据核字(2011)第 117762 号

责任编辑:李 娜 朱大益/责任校对:耿耘
责任印制:吕春珉/封面设计:东方人华平面设计部

科学出版社 出版
北京东黄城根北街 16 号
邮政编码:100717
http://www.sciencep.com

百善印刷厂 印刷
科学出版社发行 各地新华书店经销
*
2011 年 6 月第 一 版 开本:787×1092 1/16
2015 年 6 月第三次印刷 印张:14 1/4
字数:338 000
定价:**29.00元**
(如有印装质量问题,我社负责调换〈百善〉)
销售部电话 010 - 62134988 编辑部电话 010 - 62137374(HF02)

前　言

实践教学是高等院校财会类专业教学的重要环节，完善的实践教学体系不但是提高实践教学质量，实现应用型人才培养目标的重要途径，也是对理论教学的有力支撑，与当今高等教育改革的发展方向是一致的。为满足高等院校财会类专业实践教学的需要，我们组织了多位税法、税务会计和税务筹划课程教学的高校教师以及企业专门从事财务工作的专家，通过大量的调查和学习，在总结各自教学经验和实际工作经验的基础上，编写了这本实训教材。本书是一门将税收理论与纳税实际工作紧密结合，以培养学生专业技能为宗旨的实践性很强的教材。

本书紧扣教育部应用型人才培养目标，以企业和行业发展需求为切入点，实训内容突出信息化、流程化、模块化的特点，使复杂的实际业务变得易于理解和掌握。同时，本书与 2010 年 12 月最新修订的《企业会计准则》、2008 年 1 月 1 日起实施的新《企业所得税法》和 2009 年 1 月 1 日修订的增值税、营业税、消费税暂行条例及实施细则以及最新的税收政策相吻合，体现会计、税收政策的最新变化。按照本书的内容进行实践教学活动，可使学生较快地适应经济社会的发展变化，满足信息时代企业对所需财会专业人才的基本要求。

本书分为三个模块，共九章，各章均包括实训目的、实训知识准备、实训流程、实训时间、实训步骤和实训体验六个部分。主要目的是通过对相关税收知识要点进行有针对性的简要梳理后，对企业一般纳税申报和纳税筹划基本流程和步骤作一介绍，进而结合实训体验资料，系统地训练学生的企业纳税申报技能和主要税种纳税筹划思路与技巧，培养其专业实践能力。第一模块实训的内容是企业开业税务登记、变更税务登记、注销税务登记以及发票的领购和缴销等业务活动。通过了解税务登记和发票管理的流程，结合实训体验资料，引导学生进入角色，完成各业务不同环节的任务目标。第二模块实训的内容是增值税、消费税、营业税、企业所得税、印花税、车船税、房产税、契税、城镇土地使用税、土地增值税等税种的纳税申报及缴纳。该模块分为 3 章，每章设计模拟企业的涉税经济业务内容，以填制记账凭证方式进行涉税业务的账务处理，并结合各税种纳税申报与缴纳的基本流程，进行纳税申报表、税收缴款书的填制。第三模块实训的内容包括企业设立、企业购销、企业会计核算、企业筹资和企业投资中的纳税筹划的思路、方法、技巧。该模块在实训体验部分设计了教师引导例题，引导学生运用计算机技术设计和分析筹划方案。该模块的突出特点是与信息技术的结合，训练学生运用信息化手段解决实际问题的能力，提高工作效率，也是本书的创新点。

　　本书第1、2、6、7章由龙江滨编写；第3章，第4章一、二节及第8、9章由冯英编写；第4章三、四节由张晓艳编写；第4章五、六节由鲁俊毅编写；第5章由张彦涛编写；林利参与了全书部分章节的编写。全书由龙江滨、冯英负责大纲编写和统稿。

　　由于时间和水平有限，书中不足之处在所难免，敬请广大读者批评指正。

目　录
contents

模块二　纳税申报及缴纳实训

税务登记及发票管理实训

　　税务登记又称纳税登记，是税务机关对纳税人实施税收管理的首要环节和基础工作，是征纳双方法律关系成立的依据和证明，也是纳税人必须依法履行的义务。税务登记包括开业税务登记、变更税务登记、停业税务登记、复业税务登记和注销税务登记等。

　　发票管理是指税务机关依法对发票的印制、领购、使用、保管、检查、违章处理等各环节所进行的一系列筹划、组织、监督和控制活动，是税收管理的重要组成部分。

　　通过本模块的实训，能够使参与实训的学生了解从企业成立、正常经营、变更到注销时应该办理的相关税务事宜；掌握税务登记基本流程和操作步骤；了解发票的管理制度，掌握发票领购和缴销的实际操作流程。最终使学生掌握税务登记和发票管理的电算化技术，更好更快地适应企事业单位的工作需求。

第1章　税务登记及发票管理实训

1.1　开业税务登记

开业税务登记是指纳税人经由工商登记而设立或者依照法律、行政法规的规定成为法定纳税人之时，依法向税务机关办理的税务登记，通常简称为开业登记。

1.1.1　实训目的

通过本节的实训，使学生了解开业税务登记有关规定及需要准备的开业税务登记的相关资料；熟练掌握企业成立时到税务部门办理相关业务的操作流程。

1.1.2　实训知识准备

（一）我国税收管理体制

1. 税收管理体制的概念

我国税收管理体制是在各级国家机构之间划分税权的制度或制度体系，它是税收制度的重要组成部分，也是财政管理体制的重要内容。税收管理权限按大类可划分为税收立法权和税收执法权。税收立法权是制定、修改、解释或废止税收法律、法规、规章和规范性文件的权力。明确税收立法权，有利于保证国家税法的统一制定和贯彻执行，充分、准确地发挥各级有权机关管理税收的职能作用，防止各种越权自定章法、随意减免税收现象的发生。税收执法权是指税收机关依法征收税款，依法进行税收管理的权力。具体包括：税款征收管理权、税务稽查权、税务检查权、税务行政复议裁决权及其他税务管理权。

2. 税务机构设置和税收征管范围划分

（1）税务机构设置

根据我国经济和社会发展及实行分税制财政管理体制的需要，现行税务机构设置是中央政府设立国家税务总局，省及省以下税务机构分为国家税务局和地方税务局两个系统。

国家税务总局对国家税务局系统实行机构、编制、干部、经费的垂直管理，协同省级人民政府对省级地方税务局实行双重领导。

国家税务局系统包括省、自治区、直辖市国家税务局，地区、地级市、自治州、盟国家税务局，县、县级市、旗国家税务局，征收分局、税务所。征收分局、税务所是县级国家税务局的派出机构，前者一般按照行政区划、经济区划或者行业设置，后者一般按照经济区划或者行政区划设置。

省级国家税务局是国家税务总局直属的正厅（局）级行政机构，是本地区主管国家税收工作的职能部门，负责贯彻执行国家的有关税收法律、法规和规章，并结合本地实际情况制定具体实施办法。局长、副局长均由国家税务总局任命。

地方税务局系统包括省、自治区、直辖市地方税务局，地区、地级市、自治州、盟地方税务局，县、县级市、旗地方税务局，征收分局、税务所。省以下地方税务局实行上级税务机关和同级政府双重领导，以上级税务机关垂直领导为主的管理体制，即地区（市）、县（市）地方税务局的机构设置、干部管理、人员编制和经费开支均由所在省（自治区、直辖市）地方税务局垂直管理。

（2）税收征管范围划分

目前，我国的税收分别由财政、税务、海关等系统负责征收管理（见表1.1）。

表1.1 税收征管范围划分

征收机关	征收和管理的项目
国家税务局系统	增值税、消费税、车辆购置税、铁道部门、各银行总行、各保险总公司集中缴纳的营业税、所得税、城市维护建设税，中央企业缴纳的所得税，中央与地方所属企业、事业单位组成的联营企业、股份制企业缴纳的所得税，地方银行、非银行金融企业缴纳的所得税，海洋石油企业缴纳的所得税、资源税、部分企业所得税，证券交易税（开征之前为对证券交易征收的印花税），个人所得税中对储蓄存款利息所得征收的部分，中央税的滞纳金、补税、罚款
地方税务局系统	营业税、城市维护建设税（不包括上述由国家税务局系统负责征收管理的部分），地方国有企业、集体企业、私营企业缴纳的所得税，个人所得税（不包括对银行储蓄存款利息所得征收的部分）、资源税、城镇土地使用税、耕地占用税、土地增值税、房产税、车船使用税、印花税、契税、屠宰税、筵席税，地方税的滞纳金、补税、罚款
海关系统	关税、行李和邮递物品进口税、代征进出口环节的增值税和消费税
地方财政部门	地方附加、契税、耕地占用税

3. 中央政府与地方政府税收收入划分

根据国务院关于实行分税制财政管理体制的规定，我国的税收收入分为中央政府固定收入、地方政府固定收入和中央政府与地方政府共享收入。

中央政府固定收入包括：消费税（含进口环节海关代征的部分）、车辆购置税、关税、海关代征的进口环节增值税等。

地方政府固定收入包括：城镇土地使用税、耕地占用税、土地增值税、房产税、车船税、契税、筵席税。

中央政府与地方政府共享收入包括：增值税（不含进口环节由海关代征的部分），中央政府分享75%，地方政府分享25%；营业税，铁道部、各银行总行、各保险总公司集中缴纳的部分归中央政府，其余部分归地方政府；企业所得税，铁道部、各银行总行及海洋石油企业缴纳的部分归中央政府，其余部分中央与地方政府按60%和40%比例分享；个人所得税，除储蓄存款利息所得的个人所得税外，其余部分的分享比例与企业所得税相同；资源税，海洋石油企业缴纳的部分归中央政府，其余部分归地方政府；城市维护建设税，铁道部、各银行总行、各保险总公司集中缴纳的部分归中央政府，其余部分归地方政府；印花税，证券交易印花税收入的94%归中央政府，其余6%和其他印花税收入归地方政府。

（二）开业税务登记相关规定

1. 需要办理开业税务登记的纳税人

需要办理开业税务登记的纳税人包括：①领取营业执照从事生产经营活动的纳税人。包括企业、企业在外地设立的分支机构和从事生产、经营的场所、个体工商户和从事生产、经营的事业单位。②不从事生产经营活动，但依法负有纳税义务的单位和个人，除临时取得应税收入或发生应税行为的，也应该按照规定向税务机关办理税务登记。

2. 办理开业税务登记的时间

1）企业、企业在外地设立的分支机构和从事生产、经营的场所、个体工商户和从事生产、经营的事业单位自领取营业执照之日起30日内，持有关证件，向税务机关申报办理税务登记。税务机关应当自收到申报之日起30日内审核并发给税务登记证件。

2）其他纳税人，除国家机关和个人以外，应当自纳税义务发生之日起30日内，持有关证件向税务机关申报办理税务登记。

3. 办理开业税务登记的地点

1）纳税企业和事业单位向当地主管国家税务机关申报办理税务登记。

2）纳税企业和事业单位跨县（市）、区设立的分支机构和从事生产经营的场所，除总机构向当地主管国家税务机关申报办理税务登记外，分支机构还应当向其所在地主管国家税务机关申报办理税务登记。

3）有固定生产经营场所的个体工商业户向经营地主管国家税务机关申报办理税务登记；流动经营的个体工商户，向户籍所在地主管国家税务机关申报办理税务登记。

4）对未领取营业执照从事承包、租赁经营的纳税人，向经营地主管国家税务机关申报办理税务登记。

（三）办理扣缴税款登记

负有扣缴个人所得税义务的扣缴义务人应当自扣缴义务发生之日起30日内，向所在地主管税务机关申报办理扣缴税款登记，领取个人所得税扣缴税款登记证。对已办理税务登记的扣缴义务人，不发扣缴税款登记证，由税务机关在其税务登记证副本上登记扣缴税款事项。对临时发生扣缴义务的扣缴义务人，不发扣缴税款登记证。根据税收法律、行政法规的规定可不办理税务登记的扣缴义务人，应当自扣缴义务发生之日起30日内，向机构所在地税务机关申报办理扣缴税款登记，税务机关核发扣缴税款及证件。扣缴义务人应当在公告要求的期限内携带组织机构代码证书到税务机关办理扣缴税款登记证，填写扣缴税款登记表，已向税务机关报送过有关内容的，可不再填表。

（四）开业税务登记重要资料

1. 企业营业执照

图 1.1　企业法人营业执照

2. 组织机构代码证

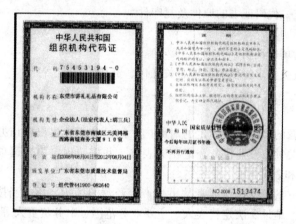

图 1.2　组织机构代码证

1.1.3　实训流程

图 1.3　开业税务登记流程

1.1.4 实训时间

实训授课 1 学时，每学时 50 分钟。教师可以根据专业特点和实训需求适当调整。

1.1.5 实训步骤

（一）提出书面申请报告，准备开业税务登记资料

办理开业税务登记应当出示以下证件资料：

1）营业执照副本或其他核准执业证件的原件及复印件。

2）有关机关、部门批准设立的文件的原件及复印件。

3）有关合同、章程或协议书的原件及复印件。

4）法定代表人和董事会成员名单。

5）法定代表人（负责人）居民身份、护照或者其他证明身份的合法证件的原件及复印件。

6）组织机构统一代码证书的原件及复印件。

7）银行账号证明。

8）住所或经营场所证明。

9）国家税务机关要求提供的其他有关证件、资料。

（二）填制《税务登记表》

从事生产、经营的纳税人在规定的时间内，向税务机关提出申请办理税务登记的书面报告后，从税务机关领取开业税务登记相关表格，并按照规定内容逐项如实填写《税务登记表》。（见表 1.2 和表 1.3）

企业在外地设立的分支机构或者从事生产、经营的场所，还应当按照规定内容逐项如实填报总机构名称、地址、法定代表人、主要业务范围、财务负责人等。

表1.2 税务登记表

（适用单位纳税人）

填表日期：2010 年 2 月 15 日

纳税人名称	通海市恒大有限责任公司			纳税人识别号		130105633698735	
登记注册类型	有限责任公司			批准设立机关		通海工商行政管理局	
组织机构代码	56902361－8			批准设立证明或文件号		567326103667905	
开业（设立）日期	2010 年 2 月 1 日	生产经营期限	2010 年至 2030 年	证照名称	企业法人营业执照	证照号码	56732610366****
注册地址	通海市韦曲路 58 号			邮政编码	710057	联系电话	85879***
生产经营地址	通海市韦曲路 58 号			邮政编码	710057	联系电话	85879***
核算方式	请选择对应项目打"√"		☑独立核算 □非独立核算			从业人数	100 人
单位性质	请选择对应项目"√" □企业 □事业单位 □社会团体 ☑民办非企业单位 □其他						
网站网址				国标行业	□□□□□□□□		
适用会计制度	请选择对应项目打"√" ☑企业会计制度 □小企业会计制度 □金融企业会计制度 □行政事业单位会计制度						
经营范围：电子产品、通信设备、通讯器材（除卫星天线）、电讯电材、电讯器材、仪器仪表、电线电缆等	请将法定代表人（负责人）身份证件复印件粘贴在此处						

内容\项目 联系人	姓名	身份证件		固定电话	移动电话	电子邮箱
		种类	号码			
法定代表人（负责人）	王亮	身份证	61011319651024***	85346***	13892866***	
财务负责人	张虹	身份证	61011319700602***	85348***	13991181***	
办税人	刘娜	身份证	61011319761105***	85345***	13572862***	
税务代理人名称	纳税人识别号			联系电话		电子邮箱

续表

注册资本或投资总额		币种	金额	币种	金额	币种	金额
200 万		人民币	200 万				
投资方名称	投资方经济性质	投资比例	证件种类	证件号码		国籍或地址	
通海市恒大有限责任公司	有限责任公司	100%	组织机构代码证	56902361 - 8		通海市韦曲路 58 号	
自然人投资比例		外资投资比例			国有投资比例		
分支机构名称		注册地址			纳税人识别号		
总机构名称			纳税人识别号				
注册地址			经营范围				
法定代表人姓名		联系电话		注册地址邮政编码			
代扣代缴代收代缴税款业务情况		代扣代缴、代收代缴税款业务内容			代扣代缴、代收代缴税种		

附报资料:

经办人签章:刘娜	法定代表人(负责人)签章:王亮	纳税人公章:
2010 年 2 月 15 日	2010 年 2 月 15 日	2010 年 2 月 15 日

续表

以下由税务机关填写：				
纳税人所处街乡			隶属关系	
国税主管税务局		国税主管税务所（科）	是否属于国税、地税共管户	
地税主管税务局		地税主管税务所（科）		
经办人（签章）： 国税经办人：_____ 地税经办人：_____ 受理日期： _____年____月____日	国家税务登记机关 （税务登记专用章）： 核准日期： _____年____月____日 国税主管税务机关：		地方税务登记机关 （税务登记专用章）： 核准日期： _____年____月____日 地税主管税务机关：	
国税核发《税务登记证副本》数量：____本 发证日期：_____年___月___日				
地税核发《税务登记证副本》数量：____本 发证日期：_____年___月___日				

填 表 说 明

一、本表适用于各类单位纳税人填用。

二、从事生产、经营的纳税人应当自领取营业执照，或者自有关部门批准设立之日起 30 日内，或者自纳税义务发生之日起 30 日内，到税务机关领取税务登记表，填写完整后提交税务机关，办理税务登记。

三、办理税务登记应当出示、提供以下证件资料（所提供资料原件用于税务机关审核，复印件留存税务机关）：

1. 营业执照副本或其他核准执业证件原件及其复印件；

2. 组织机构代码证书副本原件及其复印件；

3. 注册地址及生产、经营地址证明（产权证、租赁协议）原件及其复印件；如为自有房产，请提供产权证或买卖契约等合法的产权证明原件及其复印件；如为租赁的场所，请提供租赁协议原件及其复印件，出租人为自然人的还须提供产权证明的复印件；如生产、经营地址与注册地址不一致，请分别提供相应证明；

4. 公司章程复印件；

5. 有权机关出具的验资报告或评估报告原件及其复印件；

6. 法定代表人（负责人）居民身份证、护照或其他证明身份的合法证件原件及其复印件；复印件分别粘贴在税务登记表的相应位置上；

7. 纳税人跨县（市）设立的分支机构办理税务登记时，还须提供总机构的税务登记证（国、地税）副本复印件；

8. 改组改制企业还须提供有关改组改制的批文原件及其复印件；

9. 税务机关要求提供的其他证件资料。

四、纳税人应当向税务机关申报办理税务登记。完整、真实、准确、按时地填写此表。

五、使用碳素或蓝墨水的钢笔填写本表。

六、本表一式二份（国地税联办税务登记的本表一式三份）。税务机关留存一份，退回纳税人一份（纳税人应妥善保管，验换证时需携带查验）。

七、纳税人在新办或者换发税务登记时应报送房产、土地和车船有关证件，包括：房屋产权证、土地使用证、机动车行驶证等证件的复印件。

八、表中有关栏目的填写说明：

1. "纳税人名称"栏：指《企业法人营业执照》《营业执照》或有关核准执业证书上的"名称"。

2. "身份证件名称"栏：一般填写"居民身份证"，如无身份证，则填写"军官证"、"士兵证"、"护照"等有效身份证件。

3. "注册地址"栏：指工商营业执照或其他有关核准开业证照上的地址。

4. "生产经营地址"栏：填办理税务登记的机构生产经营地地址。

5. "国籍或地址"栏：外国投资者填国籍，中国投资者填地址。

6. "登记注册类型"栏：即经济类型，按营业执照的内容填写；不需要领取营业执照的，选择"非企业单位"或者"港、澳、台商企业常驻代表机构及其他"、"外国企业"；如为分支机构，按总机构的经济类型填写。

分类标准：

110 国有企业　　　　　　120 集体企业　　　　　　130 股份合作企业

141 国有联营企业　　　　142 集体联营企业　　　　143 国有与集体联营企业

149 其他联营企业　　　　151 国有独资公司　　　　159 其他有限责任公司

160 股份有限公司　　　　171 私营独资企业　　　　172 私营合伙企业

173 私营有限责任公司　　174 私营股份有限公司　　190 其他企业

210 合资经营企业（港、澳、台资）　　　　220 合作经营企业（港、澳、台资）

230 港、澳、台商独资经营企业　　　　　　240 港、澳、台商独资股份有限公司

310 中外合资经营企业　　　　　　　　　　320 中外合作经营企业

330 外资企业　　　　　　　　　　　　　　340 外商投资股份有限公司

400 港、澳、台商企业常驻代表机构及其他　500 外国企业

600 非企业单位

7. "投资方经济性质"栏：单位投资的，按其登记注册类型填写；个人投资的，填写自然人。

8. "证件种类"栏：单位投资的，填其组织机构代码证；个人投资的，填写其身份证件名称。

9. "国标行业"栏：按纳税人从事生产经营行业的主次顺序填写，其中第一个行业填写纳税人的主行业。

国民经济行业分类标准（GB/T4754—2002）：

A一农、林、牧、渔业

　01—农业　　02—林业　　03—畜牧业　　04—渔业　　05—农、林、牧、渔服务业

B一采矿业

　06—煤炭开采和洗选业　　07—石油和天然气开采业　　08—黑色金属矿采选业

　09—有色金属矿采选业　　10—非金属矿采选业　　11—其他采矿业

C一制造业

　13—农副食品加工业　　14—食品制造业　　　　15—饮料制造业

　16—烟草制品业　　　　17—纺织业　　　　　　18—纺织服装、鞋、帽制造业

　19—皮革、毛皮、羽毛（绒）及其制品业

　20—木材加工及木、竹、藤、棕、草制品业

　21—家具制造业　　　　　　22—造纸及纸制品业

　23—印刷业和记录媒介的复制　24—文教体育用品制造业

　25—石油加工、炼焦及核燃料加工业　26—化学原料及化学制品制造业

　27—医药制造业　　　　　　28—化学纤维制造业

　29—橡胶制品业　　　　　　30—塑料制品业

　31—非金属矿物制品业　　　32—黑色金属冶炼及压延加工业

　33—有色金属冶炼及压延加工业　34—金属制品业

　35—普通机械制造业　　　　36—专用设备制造业

　37—交通运输设备制造业　　39—电气机械及器材制造业

40—通信设备、计算机及其他电子设备制造业

41—仪器仪表及文化、办公用机械制造业

42—工艺品及其他制造业　　　　　　43—废弃资源和废旧材料回收加工业

D —电力、燃气及水的生产和供应业

44—电力、燃气及水的生产和供应业　　45—燃气生产和供应业

46—水的生产和供应业

E —建筑业

47—房屋和土木工程建筑业　　　　　48—建筑安装业

49—建筑装饰业　　　　　　　　　　50—其他建筑业

F —交通运输、仓储和邮政业

51—铁路运输业　　52—道路运输业　　53—城市公共交通业

54—水上运输业　　55—航空运输业　　56—管道运输业

57—装卸搬运及其他运输服务业　　　58—仓储业　　　　　59—邮政业

G —信息传输、计算机服务和软件业

60—电信和其他信息传输服务业　　61—计算机服务业　　62—软件业

H —批发和零售业

63—批发业　　　　　65—零售业

I —住宿和餐饮业

66—住宿业　　　　　67—餐饮业

J —金融业

68—银行业　　　69—证券业　　　70—保险业　　　71—其他金融活动

K —房地产业

72—房地产业

L —租赁和商务服务业

73—租赁业　　　　74—商务服务业

M —科学研究、技术服务和地质勘查业

75—研究与试验发展　　　　76—专业技术服务业

77—科技交流和推广服务业　　78—地质勘查业

N —水利、环境和公共设施管理业

79—水利管理业　　80—环境管理业　　81—公共设施管理业

O —居民服务和其他服务业

82—居民服务业　　83—其他服务业

P —教育

84—教育

Q —卫生、社会保障和社会福利业

85—卫生　　　　　86—社会保障业　　87—社会福利业

R —文化、体育和娱乐业

88—新闻出版业　　89—广播、电视、电影和音像业

90—文化艺术业　　91—体育　　　　92—娱乐业

S —公共管理与社会组织

93—中国共产党机关　94—国家机构　　95—人民政协和民主党派

96—群众社团、社会团体和宗教组织　　97—基层群众自治组织

T —国际组织

98—国际组织

表 1.3 税务登记表
（适用个体经营）

填表日期：2010 年 4 月 20 日

纳税人名称	通海市晨光印刷部		纳税人识别号		130105633683415	
登记注册类型	请选择对应项目打"√"		☑个体工商户		□个人合伙	
开业（设立）日期	2010 年 4 月 1 日		批准设立机关		2010 年 3 月 1 日	
生产经营期限	2010 年 4 月 1 日至 2020 年 7 月 1 日		证照名称		证照号码	
注册地址	通海市纬一街 19 号		邮政编码	710061	联系电话	85386 ****
生产经营地址	通海市纬一街 19 号		邮政编码	710061	联系电话	85386 ****
合伙人数	3		雇工人数	10	其中固定工人数	5
网站网址			国标行业	□□□□□□□□		
业主姓名	国籍或户籍地		固定电话	移动电话	电子邮箱	
王小龙	通海市		8538 ****	15820366 ***		
身份证件名称	身份证	证件号码	610523197711 ****			

经营范围：印刷、打字、复印、装订等	请将业主 身份证或其他合法身份证件复印件粘贴此处

分店情况	分店名称	纳税人识别号	地址	电话

合伙人投资情况	合伙人姓名	国籍或地址	身份证件名称	身份证件号码	投资金额（万元）	投资比例	分配比例

代扣代缴、代收代缴税款业务情况	代扣代缴、代收代缴税款业务内容	代扣代缴、代收代缴税种

续表

附报资料：	
经办人签章： ....年......月......日	业主签章： ....年......月......日

以下由税务机关填写

纳税人所处街乡			隶属关系	
国税主管税务局		国税主管税务所（科）	是否属于国税、地税共管户	
地税主管税务局		地税主管税务所（科）		
经办人（签章）： 国税经办人：.......... 地税经办人：.......... 受理日期： ......年......月......日	国家税务登记机关 （税务登记专用章）： 核准日期： 　　......年......月......日 国税主管税务机关：		地方税务登记机关 （税务登记专用章）： 核准日期： 　　......年......月......日 地税主管税务机关：	
国税核发《税务登记证副本》数量：　　本　发证日期：..........年......月......日				
地税核发《税务登记证副本》数量：　　本　发证日期：..........年......月......日				

填 表 说 明

一、本表适用于个体工商户、个人合伙企业填用。

二、从事生产、经营的纳税人应当自领取营业执照，或者有关部门批准设立之日起30日内，或者自纳税义务发生之日起30日内，到税务机关领取税务登记表，填写完整后提交税务机关，办理税务登记。

三、办理税务登记应出示、提供以下证件资料（所提供资料原件用于税务机关审核，复印件留存税务机关）：

（一）个体登记提供以下资料：

1. 营业执照副本或其他核准执业证件原件及其复印件。

2. 业主身份证原件及其复印件。

3. 房产证明（产权证、租赁协议）原件及其复印件；如为自有房产，请提供产权证或买卖契约等合法的产权证明原件及其复印件；如为租赁的场所，请提供租赁协议原件及其复印件，出租人为自然人的还须提供产权证明的复印件。

（二）个人合伙企业提供以下资料。

1. 营业执照副本或其他核准执业证件原件及其复印件。

2. 组织机构代码证书副本原件及其复印件。

3. 房产证明（产权证、租赁协议）原件及其复印件；如为自有房产，请提供产权证或买卖契约等合法的产权证明原件及其复印件；如为租赁的场所，请提供租赁协议原件及其复印件，出租人为自然人的还须提供产权证明的复印件。

4. 负责人居民身份证、护照或其他证明身份的合法证件原件及其复印件。

个体工商户、个人合伙企业需要提供的其他有关证件、资料，由省、自治区、直辖市税务机关确定。

四、纳税人应向税务机关申报办理税务登记。完整、真实、准确、按时地填写此表，并承担相关法律责任。

五、使用碳素或蓝墨水的钢笔填写本表。

六、本表一式二份（国地税联办税务登记的本表一式三份）。税务机关留存一份，退回纳税人一份（纳税人应妥善保管，验换证时需携带查验）。

七、纳税人在新办或者换发税务登记时应报送房产、土地和车船有关证件，包括：房屋产权证、土地使用证、机动车行驶证等证件的复印件。

八、表中有关栏目的填写说明：

1. "纳税人名称"栏：指《营业执照》或有关核准执业证书上的"名称"。

2. "身份证件名称"栏：一般填写"居民身份证"，如无身份证，则填写"军官证"、"士兵证"、"护照"有效身份证件等。

3. "注册地址"栏：指工商营业执照或其他有关核准开业证照上的地址。

4. "生产经营地址"栏：填办理税务登记的机构生产经营地地址。

5. 合伙人投资情况中的"国籍和地址"栏：外国投资者填国籍，中国合伙人填地址。

6. 国标行业：按纳税人从事生产经营行业的主次顺序填写，其中第一个行业填写纳税人的主行业。

（三）递交材料，领取税务登记证

《税务登记表》填写完毕加盖企业印章，经法定代表人签字或业主签字后，到税务机关报送《税务登记表》和提供的有关证件、资料。经主管国家税务机关审核后，报有关国家税务机关批准予以登记的，纳税人应当按照规定的期限到主管国家税务机关领取税务登记证及其副本。（见表 1.4 和 1.5）

表 1.4　税务登记证

<table>
<tr><td colspan="2" align="center">税 务 登 记 证</td></tr>
<tr><td>纳税人名称　　通海市恒大有限责任公司</td><td>税证字 130105633698735</td></tr>
<tr><td>法定代表人　　王亮</td><td></td></tr>
<tr><td>地　　　址　　通海市韦曲路 58 号</td><td></td></tr>
<tr><td>登记注册类型　有限责任公司</td><td>发证机关　（公章）</td></tr>
<tr><td>经营范围　　　电子产品、通信设备、通讯器材</td><td>　　　　　（公章）</td></tr>
<tr><td>批准设立机关　通海市工商局</td><td></td></tr>
<tr><td>扣缴业务　　　增值税、营业税和企业所得税</td><td></td></tr>
<tr><td></td><td>2010 年 2 月 20 日</td></tr>
</table>

表 1.5　税务登记证（副本）

税 务 登 记 证
（副本）

纳税人名称　　　通海市恒大有限责任公司　　　　　　　　　税证字 130105633698735

法定代表人　　　王亮

地　　　址　　　通海市韦曲路 58 号

登记注册类型　　有限责任公司　　　　　　　　　　　　　　发证机关　（公章）

经 营 范 围　　　电子产品、通信设备、通讯器材　　　　　　　　　　　　（公章）

批准设立机关　　通海市工商局

扣 缴 业 务　　　增值税、营业税和企业所得税

2010 年 2 月 20 日

1.2　变更税务登记

变更税务登记，是纳税人税务登记内容发生重要变化时向税务机关申报办理的税务登记手续。纳税人开业之后，常常会发生各种变化，相应会引起税务登记内容的变化。为了及时掌握纳税人的生产经营变化情况，《税收征管法》建立了税务登记的变更制度。

1.2.1　实训目的

通过本节实训，使学生了解变更税务登记的相关法律规定，掌握纳税人变更名称、法定代表人或者业主姓名、经济类型、经济性质、住所或经营地点、生产经营范围、经营方式、开户银行及账号等内容时的业务操作流程。

1.2.2　实训知识准备

根据国家税务总局的规定，纳税人办理税务登记后，如果改变名称、改变法定代表人、改变经济性质或经济类型、改变住所和经营地点、改变生产经营方式、增减注册资金、改变隶属关系、改变生产经营期限、改变或增减银行账号、改变生产经营权属以及改变其他税务登记内容时，应当办理变更税务登记手续。

纳税人有上述情形之一的，应自工商行政管理机关办理变更登记之日起 30 日内，向原税务登记机关领取《税务登记变更表》，如实填写有关内容，并向税务机关提交变更税务登记申请书、工商变更登记表及工商执照复印件、纳税人变更内容的决议及有关证明文件、

15

税务机关发放的原税务登记证件等有关资料、证件，申报办理变更税务登记。税务机关审核后，对资料证件齐全且符合要求的，将重新发给税务登记证件。

　　纳税人按照规定不需要在工商行政管理机关办理变更登记，或者其变更登记的内容与工商登记内容无关的，应当自税务登记内容实际发生变化之日起 30 日内，或者自有关机关批准或者宣布变更之日起 30 日内，持相关证件到原税务登记机关申报办理变更税务登记。

1.2.3　实训流程

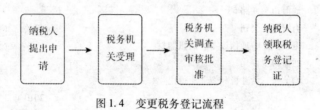

图 1.4　变更税务登记流程

1.2.4　实训时间

　　实训授课 1 学时，每学时 50 分钟。教师可以根据专业特点和实训需求适当调整。

1.2.5　实训步骤

　　（一）向原主管国家税务机关提出变更登记书面申请报告，准备变更税务登记资料

　　变更税务登记基本资料包括：

　　1）营业执照副本或有关变更登记证明的原件及复印件（变更登记内容与工商登记证内容无关的，不需提供此件）。

　　2）税务机关原发放的《国税税务登记证》正本、副本的原件（变更登记内容与税务登记证内容无关的，不需提供此件）。

　　3）税务机关原发放的《增值税一般纳税人资格证书》（对变更除组织机构代码外的其他认定事项的纳税人，其变更内容与一般纳税人资格证书内容有关的，需提供此件）。

　　除基本资料外，根据变更内容不同，纳税人还需要提供以下资料。

　　1. 变更经营地址

　　1）注册地址及生产、经营地址证明（产权证、租赁协议）原件及其复印件；如为自有房产，提供产权证或买卖契约等合法的产权证明原件及其复印件；如为租赁的场所，提供租赁协议原件及其复印件；如生产、经营地址与注册地址不一致，分别提供相应证明。

　　2）《发票缴销登记表》（一式二份）（若经营地迁移到市内其他行政区的需提供）。

　　2. 变更注册资本

　　1）变更的决议或补充章程的原件及复印件。

　　2）验资报告的原件及复印件（营业执照注明未注资的除外）。

3. 变更注册类型

变更的决议及有关证明文件原件及复印件。

4. 变更企业名称

变更的决议及有关证明文件原件及复印件。

5. 变更法定代表人

1）法定代表人居民身份证或护照等身份证明资料原件及复印件。

2）变更的决议及有关证明文件原件及复印件。

3）国有企业提供上级部门的任命书原件及复印件。

4）没有国有企业上级部门任命书的纳税人，可以提供"新任法定代表人愿意承担前任法定代表人任职期间该纳税人涉税业务的权利和义务的声明"，对不提供的，税务机关有权依法进行税务检查。

6. 变更分支机构负责人

1）变更的决议及有关证明文件原件及复印件。

2）负责人居民身份证或护照等身份证明资料原件及复印件。

7. 变更核算形式、投资方

1）变更的决议及有关证明文件原件及复印件。

2）验资报告的原件和复印件（只有投资总额发生变动的，才需要提供验资报告的原件和复印件）。

8. 变更银行账户

1）银行开立账户的资料原件及复印件。

2）《电子缴税入库系统委托缴税协议书》（一式三份，变更 ETS 缴税账户时提供）。

9. 变更经营范围

1）变更的决议及有关证明文件原件及复印件（适用于无营业执照的纳税人）。

2）《纳税人税种登记表》（一式二份、涉及税种变更的填写）。

10. 分支机构申请变更其总机构相关登记信息

1）总机构的《国税税务登记证》（副本）复印件。

2）总机构的营业执照复印件。

11. 总机构变更其分支机构相关登记信息

·1）分支机构的《国税税务登记证》（副本）复印件。

2）分支机构的营业执照复印件。

12. 变更纳税人识别号

1）因领取组织机构代码证需变更纳税人识别号的，提供组织机构代码证的原件及复印件。

2）因纳税人基本信息变更或因行政区划变化等原因，需要变更纳税人识别号的，提供相应的有关证明文件原件及复印件。

（二）领取变更税务登记相关表格

向主管国家税务机关领取《变更税务登记表》（见表1.6）。按照表中内容逐项如实填写。

表1.6　变更税务登记表

纳税人名称	通海市恒大有限责任公司		纳税人识别号		13105633698735
变更登记事项					
序号	变更项目	变更前内容	变更后内容		批准机关名称及文件
1	注册资本	200万	300万		

送缴证件情况：

纳税人

经办人：刘娜　　　　　　法定代表人（负责人）：王亮　　　　纳税人（签章）

2010年5月1日　　　　　　2010年5月1日　　　　　　　　2010年5月1日

经办税务机关审核意见：

经办人：　　　　　　　　负责人：　　　　　　　　　　税务机关（签章）

　年　月　日　　　　　　　年　月　日　　　　　　　　　　年　月　日

使　用　说　明

一、本表适用于各类纳税人变更税务登记填用。

二、报送此表时还应附送如下资料：

（一）税务登记变更内容与工商行政管理部门登记变更内容一致的应提交：

1. 工商执照及工商变更登记表复印件；

2. 纳税人变更登记内容的决议及有关证明文件；

3. 主管税务机关发放的原税务登记证件（税务登记证正、副本和税务登记表等）；

4. 主管税务机关需要的其他资料。

（二）变更税务登记内容与工商行政管理部门登记内容无关的应提交：

1. 纳税人变更登记内容的决议及有关证明、资料；

2. 主管税务机关需要的其他资料。

三、变更项目：填需要变更的税务登记项目。

四、变更前内容：填变更税务登记前的登记内容。

五、变更后内容：填变更的登记内容。

六、批准机关名称及文件：凡需要经过批准才能变更的项目须填写此项。

七、本表一式二份，税务机关一份，纳税人一份。

（三）将《变更税务登记表》及相关资料报送税务机关

《变更税务登记表》填写完后，加盖企业或业主印章后，于领取变更税务登记表之日起10日内将《变更税务登记》表及相关资料报送主管国家税务机关，经主管国家税务机关核准后，报有权国家税务机关批准予以变更的，应当按照规定的期限到主管国家税务机关领取填发的税务登记证等有关证件。

1.3　注销税务登记

注销税务登记是指纳税人发生解散、破产、撤销以及其他情形，不能继续履行纳税义务时，向税务机关申请办理终止纳税义务的税务登记管理制度。办理注销税务登记后，该当事人不再接受原税务机关的管理。

1.3.1　实训目的

通过本节的实训，使学生了解企业由于发生解散、破产、撤销及其他情形等原因进行注销的程序；掌握向税务登记机关申报办理注销税务登记业务的操作流程。

1.3.2　实训知识准备

依照《税收征管法实施细则》的规定，办理注销税务登记情形及期限包括以下三种。

第一种，纳税人发生解散、破产、撤销以及其他情形，依法终止纳税义务的，应当在向工商行政管理机关或者其他机关办理注销登记前，持有关证件向原税务登记机关申报办理注销税务登记；按照规定不需要在工商行政管理机关或者其他机关办理注册登记的，应当自有关机关批准或者宣告终止之日起15日内，持有关证件向原税务登记机关申报办理注销税务登记。

第二种，纳税人因住所、经营地点变动而涉及改变税务登记机关的，应当在向工商行政管理机关或者其他机关申请办理变更或注销登记前或者住所、经营地点变动前，向原税务登记机关申报办理注销税务登记，并在30日内向迁达地税务机关申报办理税务登记。

第三种，纳税人被工商行政管理机关吊销营业执照或者被其他机关予以撤销登记的，应当自营业执照被吊销或者被撤销登记之日起15日内，向原税务登记机关申报办理注销税务登记。

1.3.3 实训流程

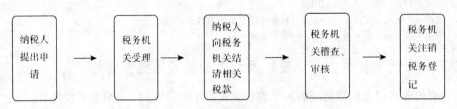

图 1.5 注销税务登记流程

1.3.4 实训时间

实训授课 1 学时，每学时 50 分钟。教师可以根据专业特点和实训需求适当调整。

1.3.5 实训步骤

（一）提出注销税务登记书面申请报告，准备注销税务登记基本资料

纳税人办理注销税务登记时，向税务机关提出注销税务登记书面申请报告，并准备注销税务登记基本资料。

（1）企业纳税人办理注销税务登记时，应报送的有关资料

1）书面申请。

2）税务登记证正、副本及发票准购证。

3）增值税一般纳税人认定表及资格证。

4）注销登记的有关决议及复印件。

5）营业执照被吊销的应提交工商部门发放的吊销决定及复印件。

6）当期（月）申报表资料及完税凭证。

7）主管税务机关需要的其他证件和资料。

（2）个体纳税人办理注销税务登记时，应报送的有关资料

1）书面申请。

2）税务登记证正、副本及发票准购证。

3）营业执照被吊销的应提交工商部门发放的吊销决定及复印件。

4）当期（月）申报表资料及完税凭证。

5）主管国税机关需要的其他证件和资料。

（二）领取注销税务登记相关表格

经税务机关审核后，符合条件的可领取注销税务登记申请审批表（见表 1.7）。

表1.7　注销税务登记申请审批表

纳税人名称	通海市恒大有限责任公司		纳税人识别号		13105633698735	
注销原因	经营困难，发展不利					
附送资料						

纳税人		
经办人：刘娜	法定代表人（负责人）：王亮	纳税人（签章）
2010年12月5日	2010年12月5日	2010年12月5日

以下由税务机关填写			
受理时间	经办人： 年　月　日	负责人： 年　月　日	
清缴税款、 滞纳金、 罚款情况	经办人： 年　月　日	负责人： 年　月　日	
缴销发票情况	经办人： 年　月　日	负责人： 年　月　日	
税务检查意见	检查人员： 年　月　日	负责人： 年　月　日	

收缴税务 证件情况	种类	税务登记证正本	税务登记证副本	临时税务登记证正本	临时税务登记证副本
	收缴数量				
	经办人： 年　月　日		负责人： 年　月　日		

批准意见	部门负责人： 年　月　日	税务机关（签章） 年　月　日

使　用　说　明

1. 本表依据《征管法实施细则》第十五条设置。

2. 适用范围：纳税人发生解散、破产、撤销、被吊销营业执照及其他情形而依法终止纳税义务，或者因住所、经营地点变动而涉及改变税务登记机关的，向原税务登记机关申报办理注销税务登记时使用。

3. 填表说明：

(1) 附送资料：填写附报的有关注销的文件和证明资料；

(2) 清缴税款、滞纳金、罚款情况：填写纳税人应纳税款、滞纳金、罚款缴纳情况；

(3) 缴销发票情况：纳税人发票领购簿及发票缴销情况；

(4) 税务检查意见：检查人员对需要清查的纳税人，在纳税人缴清查补的税款、滞纳金、罚款后签署意见；

(5) 收缴税务证件情况：在相应的栏内填写收缴数量并签字确认，收缴的证件如果为"临时税务登记证"，添加"临时"字样。

4. 本表为 A4 型竖式，一式二份，税务机关一份，纳税人一份。

（三）填报注销税申请审批表

纳税人如实按要求填写《注销税务登记申请审批表》，说明注销税务登记事项内容及原因。

（四）结清应纳税款、滞纳金、罚款

纳税人将填写完的《注销税务登记申请审批表》，连同有关资料一并送交主管税务机关，向税务机关结清应纳税款、滞纳金及罚款等。

（五）税务管理部门办理注销税务登记手续

税务管理部门经稽查、审核后办理注销税务登记手续。

纳税人因住所、经营地点发生变化需改变税务登记机关而办理注销税务登记的，原税务登记机关应在对其办理注销手续后，向迁达地税务机关递解纳税人迁移通知书，并附纳税人档案资料移交清单，由迁达地税务登记机关为纳税人重新办理税务登记。

1.4 发 票 领 购

办理税务登记的单位和个人，在领取税务登记证件后，向主管税务机关申请领购发票。

1.4.1 实训目的

通过本节的实训，使学生了解企业领购发票的要求；掌握企业发票领购和使用的操作流程。

1.4.2 实训知识准备

发票是指在购销商品、提供或者接受服务及从事其他经营活动中，所提供给对方的收付款的书面证明，是财务收支的法定凭证，是会计核算的原始依据，也是审计机关、税务机关执法检查的重要依据。税务机关是发票的主管机关，负责发票印制、领购、开具、取得、保管、缴销的管理和监督。

（一）发票的种类

发票的种类繁多，主要是按行业特点和纳税人的生产经营项目分类，每种发票都有特定的使用范围。

1. 普通发票

普通发票主要由营业税纳税人和增值税小规模纳税人使用，增值税一般纳税人在不能开具专用发票的情况下也可使用普通发票。普通发票由行业发票和专用发票组成。前者适用于某个行业和经营业务，如商业零售统一发票、商业批发统一发票、工业企业产品销售统一发票等；后者仅适用于某一经营项目，如广告费用结算发票、商品房销售发票等。普通发票的基本联次为三联：第一联为存根联，开票方留存备查用；第二联为发票联，收执方作为付款或收款原始凭证；第三联为记账联，开票方作为记账原始凭证。

2. 增值税专用发票

增值税专用发票是国家税务部门根据增值税征收管理需要而设定的，专用于纳税人销售或者提供增值税应税项目的一种发票。专用发票既具有普通发票所具有的内涵，同时还具有比普通发票更特殊的作用。它不仅是记载商品销售额和增值税税额的财务收支凭证，而且是兼记销货方纳税义务和购货方进项税额的合法证明，是购货方据以抵扣税款的法定凭证，对增值税的计算起着关键性作用。

（二）发票开具的基本规定

1. 普通发票的开具规定

1）在销售商品、提供服务以及从事其他经营活动对外收取款项时，应向付款方开具发票。特殊情况下，由付款方向收款方开具发票。

2）开具发票应当按照规定的时限、顺序、逐栏、全部联次一次性如实开具，并加盖单位财务印章或发票专用章。

3）使用计算机开具发票，须经国税机关批准，并使用税务机关统一监制的机外发票，并要求开具后的存根联按顺序号装订成册。

4）发票限于领购的单位和个人在本市、县范围内使用，跨出市县范围的，应当使用经营地的发票。

5）开具发票单位和个人的税务登记内容发生变化时，应相应办理发票和发票领购簿的变更手续；注销税务登记前，应当缴销发票领购簿和发票。

6）所有单位和从事生产、经营的个人，在购买商品、接受服务，以及从事其他经营活动支付款项时，向收款方取得发票，不得要求变更品名和金额。

7）对不符合规定的发票，不得作为报销凭证，任何单位和个人有权拒收。

8）发票应在有效期内使用，过期应当作废。

2. 增值税专用发票的开具规定

增值税专用发票，是增值税一般纳税人销售货物或者提供应税劳务开具的发票，是购买方支付增值税额并可按照增值税有关规定据以抵扣增值税进项税额的凭证。一般纳税人应通过增值税防伪税控系统使用专用发票。使用包括领购、开具、缴销、认证纸质专用发票及其相应的数据电文。防伪税控系统，是指经国务院同意推行的，使用专用设备和通用设备，运用数字密码和电子存储技术管理专用发票的计算管理系统。专用设备，是指金税卡、IC 卡、读卡器和其他设备。通用设备，是指计算机、打印机、扫描器具和其他设备。

纳税人有下列行为不得开具增值税专用发票：向消费者个人销售货物或者应税劳务的；销售货物或者应税劳务适用免税规定的；小规模纳税人销售货物或者应税劳务的；销售报关出口的货物；在境外销售应税劳务；将货物用于非应税项目；将货物用于集体福利和个人福利；将货物无偿赠送他人；提供非应税劳务转让无形资产或销售不动产。向小规模纳税人销售应税项目可以不开具专用发票。

增值税小规模纳税人需要开具专用发票的，可向主管税务机关申请代开。一般纳税人销售货物或提供应税劳务可汇总开具专用发票。汇总开具专用发票的，同时使用防伪税控系统开具"销售货物或者应税劳务清单"，并加盖财务专用章或发票专用章。

（三）发票的内容

发票一般包括：票头、字轨号码、联次及用途、客户名称、银行开户账号、商（产）品名称或经营项目、计量单位、数量、单价、金额，以及大小写金额、经手人、单位印章、开票日期等。实行增值税的单位所使用的增值税专用发票还应有税种、税率、税额等内容。

1.4.3　实训流程

图 1.6　发票领购流程

1.4.4　实训时间

实训授课 1 学时，每学时 50 分钟。教师可以根据专业特点和实训需求适当调整。

1.4.5　实训步骤

（一）填写《税务行政许可申请表》（见表 1.8），准备申请领购发票相关资料

准备申请领购发票相关资料包括以下几项。

1）税务登记证副本复印件一份（含临时登记证表）。

2）财务印章或者发票专用章印模原件一份。

3）经办人身份证明和其他有关证明。

如果是纳税人首次申请领购发票，还需提供以下资料。

1）业务合同原件、复印件（适用大面额发票）一份；

2）申请人的授权委托书原件一份（适用于委托代理人提出申请的情况）；

3）被授权人的身份证件原件、复印件一份（适用于委托代理人提出申请的情况）。

表1.8　税务行政许可申请表

申请日期：2010 年 2 月 14 日　　　　　　　　编号：13105633698 ***

	姓名	张虹	身份证件	61011319700602 ***
申请人	电话	85348 ***	邮政编码	710057
	住址	通海市滨河西路6号		
	单位	通海市恒大有限责任公司	法定代表人	王亮
	邮政编码	710057	电话	85879 ***
	地址	通海市韦曲路58号		
	委托代理人		身份证件	
	住址		电话	
申请事项	（在申请事项后划"√"） 1. 指定企业印制发票　　（　） 2. 对发票使用和管理的审批： （1）申请使用经营地发票　　（　√　） （2）印制有本单位名称的发票（游览参观点门票）　　（　） 3. 印花税票代售许可　　（　）			

受理人（审核人）：　　　　　收到日期：　　年　　月　　日

（二）向税务机关提出申请

如果是初次领购发票，必须填写"发票领购申请审批表"（见表1.9），在表中载明单位和个人的名称，需要发票的种类、名称、数量等内容，并加盖单位公章和经办人印章。

表1.9　发票领购申请审批表

纳税人税务登记号：

1	3	0	1	0	5	6	3	3	6	9	8	7	3	5	

纳税人电脑编码：

纳税人名称	通海市恒大有限责任公司				
主营范围	电子产品、通信设备、通讯器材等				
兼营范围					
发票经办人姓名	刘娜	身份证号码	61011319761105 ***	电话	85345 ***
发票名称	编码	申请数量 （本或份）	每月用量	原核定用量 （申请增减数量时填写）	

25

工业发票		10	10	

申请理由： □初次申请领购发票 □经营范围变化，申请增减发票 申请人盖章（公章） 2010 年 2 月 14 日	申请人财 务专用章 或发票专 用章印模	

以下由税务机关填写

保证形式		保证金额		保证期限	
发票编码	发票名称	供票方式	供票期限	每月（次）供票量	

发票管理部门 审批意见	经办人：	负责人：	（盖章） 年 月 日

说明事项：

1. 此表作为纳税人首次申请领购发票或因经营范围变化等原因，需申请调整购票数量，需要重新核定时使用。

2. "种类"，按发票位数视面额填写，"供票期限"填写"按次""按月"。"保证形式"填写"无需保证"或"提供保证人"、"提供保证金"。

3. 此表不作为日常领购发票的依据。

（三）领购发票

购票申请报告经税务机关审查批准后，购票者应当领取税务机关核发的《发票领购簿》，根据核定的发票种类、数量及购票方式，到指定的税务机关购领发票。纳税人再次领购发票，需要持上次领购并使用的发票进行验旧购新。

1.5　发 票 缴 销

发票缴销是指将从税务机关领取的发票交回税务机关查验并作废。

1.5.1　实训目的

通过本节的实训，使学生了解企业发票缴销的规定及要求；掌握发票的缴销操作流程。

1.5.2　实训知识准备

发票缴销是指对纳税人领用发票的缴销。发票缴销包括：日常缴销；注销、变更税务登记时的发票缴销；改版、换版发票的缴销；次版发票的缴销；超期未使用空白发票的缴销；霉变、水浸、鼠咬、火烧等其他情况的缴销；纳税人丢失、被盗发票缴销和流失发票缴销等。

1.5.3　实训流程

图 1.7　发票缴销流程

1.5.4　实训时间

实训授课 1 学时，每学时 50 分钟。教师可以根据专业特点和实训需求适当调整。

1.5.5　实训步骤

（一）准备发票缴销相关资料

1. 日常缴销
纳税人续购发票前，须持已使用完的发票存根、在规定期限内未使用或未使用完的发票及《发票领购簿》，向税务机关报验缴销。需要提交以下资料。

1)《发票领购簿》。

2) 已使用完的发票存根或在规定期限内未用的发票。

2. 税务登记变更、注销时发票的缴销

纳税人税务登记变更、注销时，须办理发票缴销事宜。需要提交以下资料。

1)《发票领购簿》及《发票领、用、存月报表》。

2) 未用完的发票或尚未使用的发票。

3) 已开具的发票存根。

3. 发票改版、换版前旧版发票的缴销

纳税人在接到税务机关的发票改版、换版通知时，应到税务机关办理旧版发票的缴销事宜。需要提交以下资料。

1)《发票领购簿》及《发票领、用、存月报表》。

2) 未用完或尚未使用的发票。

3) 已开具的发票存根。

4. 丢失、被盗发票的缴销

纳税人发生发票丢失、被盗的，须到税务机关发票管理部门办理丢失、被盗发票的缴销事宜。需要提交以下资料。

1) 发票遗失的证明材料。

2) 在当地新闻媒介公开作废声明。

3)《发票领购簿》。

4) 其他需要的资料。

5. 损毁发票的缴销

纳税人的发票发生霉变、水浸、虫咬、火烧等情况时，应及时到税务机关发票管理部门办理损毁发票的缴销事宜。需要提交以下资料。

1)《发票领购簿》。

2) 霉变、水浸、虫咬、火烧残存的发票。

3) 其他需要的资料、证明。

（二）填写《发票缴销登记表》

纳税人根据发票使用情况，将剩余空白发票的种类、名称、数量等内容填入《发票缴销登记表》（见表1.10）。

表 1.10 发票缴销登记表

纳税人识别号： | 1 | 3 | 0 | 1 | 0 | 5 | 6 | 3 | 3 | 6 | 9 | 8 | 7 | 3 | 5 |

纳税人名称：通海市恒大有限责任公司

发票名称	发票代码	缴销类别	本数	份数	起始号码	终止号码	防伪税控 IC 卡
销售发票	430310 ****	空白	不	500 份	08700001	08700500	
加工发票	430310 ****	空白	需	500 份	00350021	00350520	

缴销原因：

    纳税人因生产经营内容发生变化不需使用已领购发票。

（签章）

法定代表人：王亮   办税人员：刘娜   2010 年 12 月 5 日

主管税务机关发票管理环节意见：

（公章）

缴销人：   监销人：   年 月 日

（三）向税务机关提出申请

纳税人将填写完的《发票缴销登记表》，连同有关资料一并送交主管税务机关，税务机关申请办理发票缴销。

（四）缴销发票

经税务机关审查批准后，纳税人将发票领购簿以及未使用发票交税务机关缴销。

1.6 实 训 体 验

1.6.1 实训资料

通海市祥泰实业有限责任公司于 2007 年 5 月 18 日成立。公司经营范围：电子产品、通信设备、通讯器材、电讯电材、电讯器材、仪器仪表、电线电缆等。公司注册资本为 1 000 万元。公司地址在通海市南城西路 39 号，单位电话 85235673，邮编为 710089，单位登记注册类型为私营有限责任公司，公司法定代表是李彬，法定代表人住址在通海市学院路 29 号，法定代表人身份证号码：110103195607180346。财务负责人是张虹，财务负责人身份证号码：110105196305124105。审核、办税人：王敏，联系电话：87892546。公司账号是42390133369882，开户银行是工商银行南关支行。

企业业务：

1）2007 年 5 月 30 日，通海市祥泰实业有限责任公司在通海市东安区地方税务局登记注册，经办人员是王敏，纳税人识别号：132079990032958。

2）2007 年 6 月 2 日，通海市祥泰实业有限责任公司到通海市东安区地方税务局购领增值税发票 100 份。

3）2008 年 9 月 12 日，由于经营地址搬迁，搬到通海市北郊凤翔路 136 号。通海市祥泰实业有限责任公司到通海市东安区地方税务局办理变更登记，经办人员是王敏。

4）2010 年 8 月 26 日，由于公司经济效益不好，公司决定破产；需要到国家税务局申请注销登记。

要求：根据资料办理开业税务登记、领购发票、变更税务登记、发票缴销及注销税务。

1.6.2 实训用纸

实训表 1.6.1 税务登记表
（适用单位纳税人）

填表日期：

纳税人 名称		纳税人识别号	
登记注册 类型		批准设立机关	
组织机构 代码		批准设立证明或文件号	

续表

开业（设立）日期		生产经营期限		证照名称		证照号码	
注册地址				邮政编码		联系电话	
生产经营地址				邮政编码		联系电话	
核算方式	请选择对应项目打"√"　□独立核算　□非独立核算				从业人数		
单位性质	请选择对应项目打"√"　□企业　□事业单位　□社会团体　□民办非企业单位　□其他						
网站网址				国标行业	□□□□□□□		
适用会计制度	请选择对应项目打"√"　□企业会计制度　□小企业会计制度　□金融企业会计制度　□行政事业单位会计制度						
经营范围	请将法定代表人（负责人）身份证件复印件粘贴在此处						

项目内容	身份证件		固定电话	移动电话	电子邮箱
联系人	种类	号码			
法定代表人（负责人）					
财务负责人					
办税人					

税务代理人名称	纳税人识别号		联系电话	电子邮箱

注册资本或投资总额	币种	金额	币种	金额	币种	金额

31

续表

投资方名称	投资方经济性质	投资比例	证件种类	证件号码	国籍或地址

自然人投资比例		外资投资比例		国有投资比例	
分支机构名称		注册地址		纳税人识别号	

总机构名称		纳税人识别号	
注册地址		经营范围	
法定代表人姓名	联系电话	注册地址、邮政编码	

代扣代缴、代收代缴税款业务情况	代扣代缴、代收代缴税款业务内容	代扣代缴、代收代缴税种

附报资料:

经办人签章:	法定代表人(负责人)签章:	纳税人公章:

续表

以下由税务机关填写：				
纳税人所处街乡			隶属关系	
国税主管税务局		国税主管税务所（科）	是否属于国税、地税共管户	
地税主管税务局		地税主管税务所（科）		
经办人（签章）： 国税经办人：_____ 地税经办人：_____ 受理日期： _____年_____月_____日	国家税务登记机关 （税务登记专用章）： 核准日期： _____年_____月_____日 国税主管税务机关：		地方税务登记机关 （税务登记专用章）： 核准日期： _____年_____月_____日 地税主管税务机关：	
国税核发《税务登记证副本》数量：　　本　发证日期：_____年_____月_____日				
地税核发《税务登记证副本》数量：　　本　发证日期：_____年_____月_____日				

实训表1.6.2　税务登记证

税　务　登　记　证	
纳税人名称 法定代表人 地　　　址 登记注册类型 经 营 范 围 批准设立机关 扣 缴 业 务	税证字 发证机关　（公章） 　　　　　　（公章） 　　　　年　　　月　　　日

实训表1.6.3　税务登记证（副本）

税　务　登　记　证 （副本）	
纳税人名称 法定代表人 地　　　址 登记注册类型 经 营 范 围 批准设立机关 扣 缴 业 务	税证字 发证机关　（公章） 　　　　　　（公章） 　　　　年　　　月　　　日

实训表 1.6.4 变更税务登记表

纳税人名称				纳税人识别号	
变更登记事项					
序号	变更项目	变更前内容		变更后内容	批准机关名称及文件

送缴证件情况：

纳税人

　经办人：　　　　　　法定代表人（负责人）：　　　　纳税人（签章）
　　年　月　日　　　　　　年　月　日　　　　　　　年　月　日

经办税务机关审核意见：

　经办人：　　　　　　负责人：　　　　　　　　税务机关（签章）
　　年　月　日　　　　　年　月　日　　　　　　年　月　日

实训表 1.6.5 注销税务登记申请审批表

纳税人名称		纳税人识别号	
注销原因			
附送资料			

纳税人

经办人： 年 月 日	法定代表人（负责人）： 年 月 日	纳税人（签章） 年 月 日

以下由税务机关填写

受理时间	经办人： 　　年 月 日	负责人： 　　年 月 日	
清缴税款、滞纳金、罚款情况	经办人： 　　年 月 日	负责人： 　　年 月 日	
缴销发票情况	经办人： 　　年 月 日	负责人： 　　年 月 日	
税务检查意见	检查人员： 　　年 月 日	负责人： 　　年 月 日	

收缴税务证件情况	种类	税务登记证正本	税务登记证副本	临时税务登记证正本	临时税务登记证副本
	收缴数量				
	经办人：　　　　　年 月 日		负责人：　　　　　年 月 日		

批准意见	部门负责人： 　　年 月 日	税务机关（签章） 年 月 日

实训表 1.6.6　税务行政许可申请表

申请日期：　年　月　日　　　　　　　　　　编号：

申请人	姓名		身份证件	
	电话		邮政编码	
	住址			
	单位		法定代表人	
	邮政编码		电话	
	地址			
	委托代理人		身份证件	
	住址		电话	
申请事项	（在申请事项后划"√"） 1. 指定企业印制发票；　（　） 2. 对发票使用和管理的审批： （1）申请使用经营地发票　（　） （2）印制有本单位名称的发票（游览参观点门票）　（　） 3. 印花税票代售许可　（　）			

受理人（审核人）：　　　　　　收到日期：　年　月　日

实训表 1.6.7 发票领购申请审批表

纳税人税务登记号：

纳税人电脑编码：

纳税人名称				
主营范围				
兼营范围				
发票经办人姓名		身份证号码		电话

发票名称	编 码	申请数量（本或份）	每月用量	原核定用量（申请增减数量时填写）

申请理由： □初次申请领购发票 □经营范围变化，申请增减发票 申请人盖章（公章） 年 月 日	申请人财务专用章或发票专用章印模	

以下由税务机关填写

保证形式		保证金额		保证期限	
发票编码	发票名称	供票方式	供票期限	每月（次）供票量

发票管理部门审批意见	经办人：	负责人：	（盖章） 年 月 日

实训表 1.6.8 发票缴销登记表

纳税人识别号：

纳税人名称：

发票名称	发票代码	缴销类别	本数	份数	起始号码	终止号码	防伪税控 IC 卡

缴销原因：

（签章）

法定代表人：　　　　　　办税人员：　　　　　　年　　月　　日

主管税务机关发票管理环节意见：

（公章）

缴销人：　　　　　　监销人：　　　　　　年　月　日

纳税申报及缴纳实训

　　纳税申报及缴纳是指纳税人、扣缴义务人为履行纳税义务和扣缴税款义务，按照法律、行政法规的规定，在申报期限内就纳税事项向税务机关书面申报以及缴纳税款的一种法定手续，也是税务机关核定应纳税额和应扣缴税款的法律依据。

　　通过本模块实训，能够使参与实训的学生掌握获取纳税申报资料的方法；掌握我国现行的各主要税种的账务处理、应纳税额的计算，了解纳税申报各个环节，熟练掌握各主要税种从申报表的填写，直到完税的整个纳税操作流程。结合纳税申报与缴纳系统软件，最终使学生掌握纳税申报与缴纳的电算化技术，更好更快地适应企事业单位的工作需求。

第 2 章　流转税纳税申报及缴纳实训

2.1　增值税纳税申报及缴纳实训

2.1.1　增值税一般纳税人纳税申报及缴纳

2.1.1.1　实训目的

通过本节的实训，使学生了解增值税的征税范围；掌握增值税一般纳税人应纳税额的计算和账务处理；增值税一般纳税人纳税申报的业务流程及增值税纳税申报表的填制。

2.1.1.2　实训知识准备

增值税是指对在我国境内销售货物或者提供加工、修理修配劳务，以及进口货物的单位和个人，就其取得的货物或应税劳务销售额以及进口货物金额计算税款，并实行税款抵扣制的一种流转税。

（一）征税范围

征税范围的一般规定如下。

1）销售货物："货物"是指有形动产（含电力、热力、气体）。

2）提供加工、修理修配劳务。

3）进口货物。指申报进入我国海关境内的货物。只要报关进口的货物，都属于增值税征税范围，在进口环节缴纳增值税。

（二）增值税纳税人

凡在我境内销售货物或者提供加工、修理修配劳务以及进口货物的单位和个人，为增值税的纳税人。

增值税纳税人分为一般纳税人和小规模纳税人，其划分依据是纳税人的财务会计制度是否健全，是否能够提供准确的税务资料以及企业规模的大小；而衡量企业规模则主要依据企业的年销售额，即现行增值税法规以纳税人年销售额的大小和会计核算水平为依据来划分一般纳税人和小规模纳税人。

一般纳税人是指达到一定的生产经营规模（即超过小规模纳税人标准），并且是会计核算健全，能按照税法的规定，分别核算销项税额、进项税额和应纳税额的纳税人。

增值税一般纳税人可以使用增值税专用发票，并实行税款抵扣制度。

但下列纳税人不属于一般纳税人：

1）年应税销售额未超过小规模纳税人标准的企业。

2）个体经营者以外的其他个人。

3）非企业性单位。

4）不经常发生增值税应税行为的企业。

（三）增值税税率

增值税税率是货物或劳务所负担的增值税税款与其流转额之间的比率。国家在设置增值税税率时兼顾大多数纳税人的负担能力和财政需要，而且税率尽量简化。基本税率（17%）适用于大多数的货物和劳务。目前我国增值税采用了基本税率再加一档低税率的模式。

1. 基本税率（17%）

纳税人销售货物或进口货物，提供加工、修理修配劳务，税率为17%。

2. 低税率（13%）

增值税一般纳税人销售或者进口下列货物，税率为13%。

1）粮食、食用植物油、鲜奶。

2）自来水、暖气、冷气、热水、煤气、石油液化气、天然气、沼气、居民用煤炭制品。

3）图书、报纸、杂志。

4）饲料、化肥、农药、农机、农膜。

5）国务院及其他有关部门规定的其他货物。

农业产品（仅指初级产品）、音像制品、电子出版物、二甲醚等。

（四）一般纳税人应纳增值税的计算

我国增值税实行凭进货发票抵税的方法，简称扣税法。其计算公式为

$$应纳税额 = 当期销项税额 - 当期进项税额$$

"当期"是指税务机关依照税法规定对纳税人确定的纳税期限。只有在纳税期限内实际发生的销项税和进项税，才是法定的当期销项税额、当期进项税额。

（五）增值税纳税期限与纳税地点

增值税的纳税期限分为按期纳税和按次纳税两种形式。按期纳税的，分别为1日、3日、5日、10日、15日、1个月或者1个季度。纳税人的具体纳税期限，由主管税务机关根据纳税人应纳税额的大小分别核定；不能按照固定期限纳税的，可以按次纳税。

纳税人以1个月为一期纳税的，自期满之日起15日内申报纳税；其他的期满之日起

5 日内预缴税款，于次月 1 日起至 15 日内申报纳税并结清上月应纳税款。

增值税固定业户向机构所在地税务机关申报纳税，增值税非固定业户向销售地税务机关申报纳税，进口货物应当由进口人或其代理人向报关地海关申报纳税。

2.1.1.3 实训流程

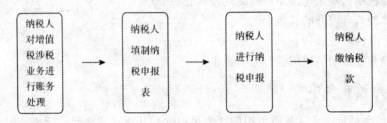

图 2.1 一般纳税人增值税纳税申报与缴纳流程

2.1.1.4 实训时间

实训授课 4 学时，每学时 50 分钟。教师可以根据专业特点和实训需求适当调整。

2.1.1.5 实训步骤

（一）一般纳税人的认定

我国税法规定对于符合增值税一般纳税人条件的新开业的纳税人，达到一般纳税人条件的小规模纳税人，可以申请成为一般纳税人。

1. 提出书面申请，报送相关资料

纳税人申请办理一般纳税人认定手续，须向所在地主管国税局提出书面申请。需携带以下相关证件及资料。

1）营业执照。

2）有关合同、公司章程、协议书。

3）银行账号证明。

4）国税税务登记证副本、经营场所证明等。

2. 填写《增值税一般纳税人申请认定表》

税务机关收到纳税人的书面申请后，受理、审核企业相关资料，合格后发放《增值税一般纳税人申请认定表》。企业如实填写《增值税一般纳税人申请认定表》（见表 2.1、该表一式两份），提交税务机关，审批后，一份交征收机关，一份退给企业留存。

表2.1 增值税一般纳税人申请认定表

纳税人名称			纳税人识别号		
法定代表人 （负责人、业主）		证件名称及号码		联系电话	
财务负责人		证件名称及号码		联系电话	
办税人员		证件名称及号码		联系电话	
生产经营地址					
核算地址					
纳税人类别：企业、企业性单位□ 非企业性单位□ 个体工商户□ 其他□					
纳税人主业：工业□ 商业□ 其他□					
认定前累计应税销售额 （连续不超过 12 个月的经营期内）			年 月至 年 月共 元。		
纳税人 声明	上述各项内容真实、可靠、完整。如有虚假，本纳税人愿意承担相关法律责任。 （签章）： 年 月 日				
税务机关					
受理 意见	受理人签名： 年 月 日				
查验 意见	查验人签名： 年 月 日				
主管税 务机关 意见	（签章） 年 月 日				
认定机 关意见	（签章） 年 月 日				

3. 领取相关证表

办理完以上手续后，税务机关同意后在"税务登记证副本"加盖"增值税一般纳税人"戳记，作为领购增值税专用发票的凭证。

（二）购买增值税专用发票

税法规定增值税一般纳税人需要安装增值税防伪税控系统。申请成为一般纳税人的企业，要求必须同时进入增值税防伪税控系统，因此企业必须办理防伪税控手续。安装增值税防伪税控系统后，持税控IC卡到税务机关获取购买发票授权后购买发票。

1）填写"防伪税控企业认定登记审批表"（见表2.2），税务机关审批后下达"增值税防伪税控开票子系统使用通知书"。

表2.2　防伪税控企业认定登记审批表

登记事项（由企业填写）	企业名称			
	纳税人识别号			
	地址		联系电话	
	法人代表		身份证号	
	经办人		身份证号	
	经济性质		主营业务	
	开户银行及账号		会计区间	
	一般纳税人类别		月用票量	
	年销售额		达到限额的用票量	
	申请开票最大限额	□一千万元　□一百万元　□十万元　□一万元　□一千元（请在选择金额前的□内打"√"）			
主管国税分局业务部门意见	批准开票最大限额		负责人：	
	准予领购专用设备数量		（签字）：	
	启用时间			
省税务局审批意见： 负责人（签字）： 国家税务局（章）	省辖市国税局审批意见： 负责人（签字）： 国家税务局（章）	县级国税局（市区分局）审批意见： 负责人（签字）： 国家税务局（章）	主管国税局审批意见： 负责人（签字）： 国家税务局（章）	

2）持"增值税防伪税控开票子系统使用通知书"向防伪税控系统服务单位购买防伪税控专用设备。

3）到主管税务机关办理企业发行手续，由防伪税控系统技术服务人员负责安装防伪税控专用设备。

4）持税控 IC 卡和"增值税专用发票领购簿"及相关证件到税务机关购买计算机版增值税专用发票。

5）将购买发票的信息读入金税卡的黑匣子中，就可以开具发票了。

（三）对增值税涉税业务进行会计处理

1）填制记账凭证。

2）审核相关业务处理是否规范，本期是否需要进行增值税纳税调整。

（四）进行增值税的纳税申报

1）办税员对取得的增值税专用发票进行认证（见表 2.3）。

表2.3　防伪税控系统开具的增值税专用发票及认证情况表

发票的代码	发票号码	开票日期	金额	税额	销货方纳税人识别	认证日期

2）整理、打印本期防伪税控系统开具的增值税专用发票情况表（见表2.4）。

表2.4　防伪税控系统开具的增值税专用发票情况表

发票的代码	发票号码	开票日期	销货方纳税人识别	金额	税额

3）填写《增值税纳税申报表》附表和主表。

4）填写《城市维护建设税和教育费附加申报表》。

5）进行纳税申报。

（五）增值税的缴纳

填制税收缴款书（见表2.5），缴纳税款。

表 2.5 税收缴款书

中华人民共和国税收通用缴款书

隶属关系：

注册类型： 填发日期： 年 月 日 征收机关：

缴款单位（人）	代码		预算科目	编码	
	全称			名称	
	开户银行			级次	
	账号		收缴国库		

| 税款所属时期 | 年 月 日至 月 日 | | | 税款限缴日期： 年 月 日 | |

品目名称	课税数量	计税金额或销售收入	税率或单位税额	已缴或扣除额	实际金额 亿 千 百 十 万 千 百 十 元 角 分
金额合计	（大写）				

| 缴款单位（人）（盖章）经办人（章） | 税务机关（盖章）填票人（章） | 上列款项已收妥并划转收款单位账户 国库（银行）盖章 年 月 日 | 备注： |

2.1.1.6 实训体验

（一）实训资料

通海市长城实业有限责任公司是一家私营生产企业。公司为增值税一般纳税人，增值税税率为17%。企业地址：通海市常宁路146号，公司电话：85256739；企业法人：李勇，会计主管：李梅，出纳员：王虹；公司开户银行：建行南郊支行，账号：567823908；纳税人识别号：130145982113272。2010年3月发生下列业务：

1）3月1日缴纳上月的增值税3 108元。

2）3月2日从广东天马公司购入甲材料300千克，每千克210元，收到增值税专用发票，价款63 000元，税款10 710元，价税合计73 710元，材料已验收入库，货款由银行支付。

3）3月4日从通海市玉祥批发市场购入乙材料360千克，每千克350元，收到增值税

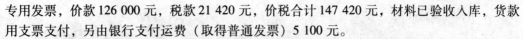

专用发票，价款 126 000 元，税款 21 420 元，价税合计 147 420 元，材料已验收入库，货款用支票支付，另由银行支付运费（取得普通发票）5 100 元。

4）3 月 6 日从民生百货公司收到委托代销清单，销售 A 产品 5 台，每台 12 000 元，增值税税率为 17%，对方按价款的 5% 收取手续费，收到支票一张存入银行。

5）3 月 8 日销售 B 产品 6 台，每台 8 400 元，货款 50 400 元，税款 8 568 元，同时随同产品一起售出包装箱 6 个，不含税价每个 100 元，价款 600 元，税款 102 元。款项已全部存入银行。

6）3 月 9 日购入机器设备一台，取得增值税专用发票，价款 160 000 元，税款 27 200 元，价税合计 187 200 元，款项用支票付款。

7）3 月 12 日向某小规模纳税人销售 20 千克甲材料，公司开出 5 850 元的普通发票，取得支票存入银行。

8）3 月 14 日从杭州购入丙材料 100 千克，每千克 1 000 元，收到增值税专用发票，价款 100 000 元，税款 17 000 元，；支付运杂费 1 000 元，其中运费 400 元。取得运输单位开具的运输发票。货款已支付，材料已验收入库。

9）3 月 18 日将价值 16 800 元的甲材料 80 千克用于本公司在建工程。

10）3 月 20 日对外提供加工服务，收取劳务费 6 500 元。

11）3 月 21 日将公司生产的价值 30 000 元的 A 产品，无偿捐赠给某单位。

12）3 月 23 日公司仓库发生火灾，烧毁外购的甲材料一批，该批材料实际成本 6 300 元，其中运输成本 930 元。

13）3 月 25 日公司将使用过的 2 辆小轿车销售出去，2 辆小轿车原值 300 000 元，取得含税销售额 180 000 元；销售使用过的机器设备 1 台，原值 90 000 元，取得含税销售额 20 000元。

14）3 月 28 日公司发生销售退回，2 月份销售的 3 台 B 产品，因质量原因被退回。价款 23 760 元。企业开出红字增值税专用发票，并以银行存款支付退货款项。

要求：

填制记账凭证，进行账务处理；填写《增值税纳税申报表》；填写《城市维护建设税、教育费附加纳税申报表》。

（二）实训用纸

实训表 2.1.1　记账凭证（1）

记 账 凭 证

字第　号

年　月　日　　　　　　　　　　　　　　附件　张

摘要	会计科目		借方金额											贷方金额									
	总账科目	明细科目	亿	千万	百万	十万	万	千	百	十	元	角	分	亿	千万	百万	十万	万	千	百	十	元	角	分

会计主管：　　　记账：　　　审核：　　　制单：

实训表 2.1.2　记账凭证（2）

记 账 凭 证

字第　号

年　月　日　　　　　　　　　　　　　　附件　张

摘要	会计科目		借方金额											贷方金额									
	总账科目	明细科目	亿	千万	百万	十万	万	千	百	十	元	角	分	亿	千万	百万	十万	万	千	百	十	元	角	分

会计主管：　　　记账：　　　审核：　　　制单：

实训表 2.1.3　记账凭证（3）

记 账 凭 证

年　月　日

字第　号

附件　张

摘要	会计科目		借方金额											贷方金额									
	总账科目	明细科目	亿	千万	百万	十万	万	千	百	十	元	角	分	亿	千万	百万	十万	万	千	百	十	元	角	分

会计主管：　　　记账：　　　审核：　　　制单：

实训表 2.1.4　记账凭证（4）

记 账 凭 证

年　月　日

字第　号

附件　张

摘要	会计科目		借方金额											贷方金额									
	总账科目	明细科目	亿	千万	百万	十万	万	千	百	十	元	角	分	亿	千万	百万	十万	万	千	百	十	元	角	分

会计主管：　　　记账：　　　审核：　　　制单：

实训表 2.1.5　记账凭证（5）

记 账 凭 证

字第　　号

年　月　日　　　　　　　　　　　　　附件　张

摘要	会计科目		借方金额										贷方金额									
	总账科目	明细科目	亿	千万	百万	十万	万	千	百	十	元	角	分	亿	千万	百万	十万	万	千	百	十	元	角	分

会计主管：　　　　记账：　　　　审核：　　　　制单：

实训表 2.1.6　记账凭证（6）

记 账 凭 证

字第　　号

年　月　日　　　　　　　　　　　　　附件　张

摘要	会计科目		借方金额										贷方金额									
	总账科目	明细科目	亿	千万	百万	十万	万	千	百	十	元	角	分	亿	千万	百万	十万	万	千	百	十	元	角	分

会计主管：　　　　记账：　　　　审核：　　　　制单：

实训表2.1.7　记账凭证（7）

记 账 凭 证

字第　号

年　月　日　　　　　　　　　　　附件　张

摘要	会计科目		借方金额											贷方金额									
	总账科目	明细科目	亿	千万	百万	十万	万	千	百	十	元	角	分	亿	千万	百万	十万	万	千	百	十	元	角	分

会计主管：　　　记账：　　　审核：　　　制单：

实训表2.1.8　记账凭证（8）

记 账 凭 证

字第　号

年　月　日　　　　　　　　　　　附件　张

摘要	会计科目		借方金额											贷方金额									
	总账科目	明细科目	亿	千万	百万	十万	万	千	百	十	元	角	分	亿	千万	百万	十万	万	千	百	十	元	角	分

会计主管：　　　记账：　　　审核：　　　制单：

实训表 2.1.9　记账凭证（9）

记 账 凭 证

字第　号

年　月　日　　　　　　　　　　　　　　　　　　附件　张

摘要	会计科目		借方金额										贷方金额									
	总账科目	明细科目	亿	千万	百万	十万	万	千	百	十	元	角	分	亿	千万	百万	十万	万	千	百	十	元	角	分

会计主管：　　　　记账：　　　　审核：　　　　制单：

实训表 2.1.10　记账凭证（10）

记 账 凭 证

字第　号

年　月　日　　　　　　　　　　　　　　　　　　附件　张

摘要	会计科目		借方金额										贷方金额									
	总账科目	明细科目	亿	千万	百万	十万	万	千	百	十	元	角	分	亿	千万	百万	十万	万	千	百	十	元	角	分

会计主管：　　　　记账：　　　　审核：　　　　制单：

实训表 2.1.11 记账凭证（11）

记 账 凭 证

字第 号
年 月 日　　　　　　　　　　　　附件 张

摘要	会计科目		借方金额											贷方金额									
	总账科目	明细科目	亿	千万	百万	十万	万	千	百	十	元	角	分	亿	千万	百万	十万	万	千	百	十	元	角	分

会计主管：　　　记账：　　　审核：　　　制单：

实训表 2.1.12 记账凭证（12）

记 账 凭 证

字第 号
年 月 日　　　　　　　　　　　　附件 张

摘要	会计科目		借方金额											贷方金额									
	总账科目	明细科目	亿	千万	百万	十万	万	千	百	十	元	角	分	亿	千万	百万	十万	万	千	百	十	元	角	分

会计主管：　　　记账：　　　审核：　　　制单：

53

实训表 2.1.13　记账凭证（13）

记 账 凭 证

字第　号
附件　张

年　月　日

摘要	会计科目		借方金额										贷方金额									
	总账科目	明细科目	亿	千万	百万	十万	万	千	百	十	元	角	分	亿	千万	百万	十万	万	千	百	十	元	角	分

会计主管：　　　记账：　　　审核：　　　制单：

实训表 2.1.14　记账凭证（14）

记 账 凭 证

字第　号
附件　张

年　月　日

摘要	会计科目		借方金额										贷方金额									
	总账科目	明细科目	亿	千万	百万	十万	万	千	百	十	元	角	分	亿	千万	百万	十万	万	千	百	十	元	角	分

会计主管：　　　记账：　　　审核：　　　制单：

实训表 2.1.15 记账凭证（15）

记 账 凭 证

字第 号
附件 张
年 月 日

摘要	会计科目		借方金额											贷方金额									
	总账科目	明细科目	亿	千万	百万	十万	万	千	百	十	元	角	分	亿	千万	百万	十万	万	千	百	十	元	角	分

会计主管： 记账： 审核： 制单：

实训表 2.1.16 记账凭证（16）

记 账 凭 证

字第 号
附件 张
年 月 日

摘要	会计科目		借方金额											贷方金额									
	总账科目	明细科目	亿	千万	百万	十万	万	千	百	十	元	角	分	亿	千万	百万	十万	万	千	百	十	元	角	分

会计主管： 记账： 审核： 制单：

实训表2.1.17　记账凭证（17）

记 账 凭 证

字第　号

年　月　日　　　　　　　　　　　　　　　　　附件　张

摘要	会计科目		借方金额											贷方金额									
	总账科目	明细科目	亿	千万	百万	十万	万	千	百	十	元	角	分	亿	千万	百万	十万	万	千	百	十	元	角	分

会计主管：　　　　　记账：　　　　　审核：　　　　　制单：

实训表2.1.18　记账凭证（18）

记 账 凭 证

字第　号

年　月　日　　　　　　　　　　　　　　　　　附件　张

摘要	会计科目		借方金额											贷方金额									
	总账科目	明细科目	亿	千万	百万	十万	万	千	百	十	元	角	分	亿	千万	百万	十万	万	千	百	十	元	角	分

会计主管：　　　　　记账：　　　　　审核：　　　　　制单：

实训表2.1.19　增值税纳税申报表（适用于增值税一般纳税人）

税款所属时间：　　　年　　月　　日　至　　年　　月　　日

填表日期：　　　　　年　　月　　日　　　　　　　　　金额单位：元（列至角分）

所属行业：

纳税人识别号														

纳税人名称	（公章）	法定代表人姓名		注册地址			营业地址	
开户银行及账号			企业登记注册类型				电话号码	

项目		栏次	一般货物及劳务		即征即退货物及劳务	
			本月数	本年累计	本月数	本年累计
销售额	（一）按适用税率征税货物及劳务销售额	1				
	其中：应税货物销售额	2				
	应税劳务销售额	3				
	纳税检查调整的销售额	4				
	（二）按简易征收办法征税货物销售额	5				
	其中：纳税检查调整的销售额	6				
	（三）免、抵、退办法出口货物销售额	7			—	—
	（四）免税货物及劳务销售额	8			—	—
	其中：免税货物销售额	9			—	—
	免税劳务销售额	10			—	—
税款计算	销项税额	11				
	进项税额	12				
	上期留抵税额	13			—	—
	进项税额转出	14				
	免抵退货物应退税额	15				
	按适用税率计算的纳税检查应补缴税额	16			—	—
	应抵扣税额合计	$17 = 12 + 13 - 14 - 15 + 16$			—	—

税款计算	实际抵扣税额	18（如17＜11，则为17，否则为11）				
	应纳税额	19＝11－18				
	期末留抵税额	20＝17－18		—	—	
	简易征收办法计算的应纳税额	21				
	按简易征收办法计算的纳税检查应补缴税额	22		—	—	
	应纳税额减征额	23				
	应纳税额合计	24＝19＋21－23				
税款缴纳	期初未缴税额（多缴为负数）	25				
	实收出口开具专用缴款书退税额	26		—	—	
	本期已缴税额	27＝28＋29＋30＋31				
	①分次预缴税额	28		—	—	
	②出口开具专用缴款书预缴税额	29		—	—	
	③本期缴纳上期应纳税额	30				
	④本期缴纳欠缴税额	31				
	期末未缴税额（多缴为负数）	32＝24＋25＋26－27				
	其中：欠缴税额（≥0）	33＝25＋26－27		—	—	
	本期应补（退）税额	34＝24－28－29		—	—	
	即征即退实际退税额	35	—	—		
	期初未缴查补税额	36		—	—	
	本期入库查补税额	37		—	—	
	期末未缴查补税额	38＝16＋22＋36－37		—	—	

| 授权声明 | 如果你已委托代理人申报，请填写下列资料：
　　为代理一切税务事宜，现授权　　　（地址）　　　　　为本纳税人的代理申报人，任何与本申报表有关的往来文件，都可寄予此人。
　　　　　授权人签字： | 申报人声明 | 此纳税申报表是根据《中华人民共和国增值税暂行条例》的规定填报的，我相信它是真实的、可靠的、完整的。
　　　　声明人签字： |

以下由税务机关填写:

收到日期: 　　　　　接收人: 　　　　　主管税务机关盖章:

实训表 2.1.20 增值税纳税申报表附列资料（表一）

（本期销售情况明细）

纳税人识别号: 　　　　税款所属时间: 　　　年　　月

纳税人名称:（公章）　　填表日期: 　　年　　月　　日　金额单位: 元（列至角分）

一、按适用税率征收增值税货物及劳务的销售额和销项税额明细												
项目	栏次	应税货物						应税劳务			小计		
		17%税率			13%税率								
		份数	销售额	销项税额	份数	销售额	销项税额	份数	销售额	销项税额	份数	销售额	销项税额
防伪税控系统开具的增值税专用发票	1												
非防伪税控系统开具的增值税专用发票	2												
开具普通发票	3												
未开具发票	4	—			—			—			—		
小计	5 = 1 + 2 + 3 + 4	—			—			—			—		
纳税检查调整	6	—			—			—			—		
合计	7 = 5 + 6	—			—			—			—		

二、简易征收办法征收增值税货物的销售额和应纳税额明细

项目	栏次	6%征收率			4%征收率			小计		
		份数	销售额	应纳税额	份数	销售额	应纳税额	份数	销售额	应纳税额
防伪税控系统开具的增值税专用发票	8									
非防伪税控系统开具的增值税专用发票	9									
开具普通发票	10									
未开具发票	11	—			—	—				
小计	12 = 8 + 9 + 10 + 11	—								
纳税检查调整	13	—			—	—				
合计	14 = 12 + 13	—								

三、免征增值税货物及劳务销售额明细

项目	栏次	免税货物			免税劳务			小计		
		份数	销售额	税额	份数	销售额	税额	份数	销售额	税额
防伪税控系统开具的增值税专用发票	15				—	—				
开具普通发票	16			—			—			—
未开具发票	17	—						—		
合计	18 = 15 + 16 + 17	—						—		

本表一式三联（二联按期报主管税务机关、一联企业留存）。

实训表 2.1.21 增值税纳税申报表附列资料（表二）
（本期进项税额明细）

纳税人识别号：

纳税人名称：（公章）

税款所属时间： 年 月

填表日期： 年 月 日

金额单位：元（列至角分）

一、申报抵扣的进项税额				
项目	栏次	份数	金额	税额
（一）认证相符的防伪税控增值税专用发票	1			
其中：本期认证相符且本期申报抵扣	2			
前期认证相符且本期申报抵扣	3			
（二）非防伪税控增值税专用发票及其他扣税凭证	4			
其中：海关进口增值税专用缴款书	5			
农产品收购发票或者销售发票	6			
废旧物资发票	7	—	—	—
运输费用结算单据	8			
6%征收率	9	—	—	—
4%征收率	10	—	—	—
（三）外贸企业进项税额抵扣证明	11			
当期申报抵扣进项税额合计	12			
二、进项税额转出额				
项目	栏次		税额	
本期进项税转出额	13			
其中：免税货物用	14			
非应税项目用、集体福利、个人消费	15			
非正常损失	16			
按简易征收办法征税货物用	17			
免抵退税办法出口货物不得抵扣进项税额	18			

续表

纳税检查调减进项税额	19			
未经认证已抵扣的进项税额	20			
红字专用发票通知单注明的进项税额	21			

三、待抵扣进项税额

项目	栏次	份数	金额	税额
（一）认证相符的防伪税控增值税专用发票	22	—	—	—
期初已认证相符但未申报抵扣	23			
本期认证相符且本期未申报抵扣	24			
期末已认证相符但未申报抵扣	25			
其中：按照税法规定不允许抵扣	26			
（二）非防伪税控增值税专用发票及其他扣税凭证	27			
其中：海关进口增值税专用缴款书	28			
农产品收购发票或者销售发票	29			
废旧物资发票	30	—	—	—
运输费用结算单据	31			
6%征收率	32	—	—	—
4%征收率	33	—	—	—
	34			

四、其他

项目	栏次	份数	金额	税额
本期认证相符的全部防伪税控增值税专用发票	35			
期初已征税款挂账额	36	—	—	
期初已征税款余额	37	—	—	
代扣代缴税额	38	—		

实训表 2.1.22 城市维护建设税、教育费附加纳税申报表（1）

纳税人识别号 | | | | | | | | | | | | | | | | | |

纳税人名称：（公章）

税款所属期限：自 年 月 日至 年 月 日

填表日期： 年 月 日　　　　　　　　　　　　　金额单位：元（列至角分）

计税依据（计征依据）		计税金额（计征金额）	税率（征收率）	本期应纳税额	本期已缴税额	本期应补（退）税额
		1	2	3＝1×2	4	5＝3－4
城市维护建设税	增值税					
	消费税					
	营业税					
	合计		—			
教育费附加	增值税					
	消费税					
	营业税					
	合计		—			
纳税人或代理人声明： 　此纳税申报表是根据国家税收法律的规定填报的，我确信它是真实的、可靠的、完整的。	如纳税人填报，由纳税人填写以下各栏					
	经办人（签章）		会计主管（签章）		法定代表人（签章）	
	如委托代理人填报，由代理人填写以下各栏					
	代理人名称			代理人（公章）		
	经办人（签章）					
	联系电话					

以下由税务机关填写

受理人		受理日期		受理税务机关（签章）	

63

实训表 2.1.23　税收缴款书（1）

中华人民共和国税收通用缴款书

隶属关系：

注册类型：　　　　　　　　　填发日期：　　年　月　日　　征收机关：

缴款单位（人）	代码		预算科目	编码	
	全称			名称	
	开户银行			级次	
	账号		收缴国库		

税款所属时期：　年　月　日至　月　日　　　　　税款限缴日期：　年　月　日

品目名称	课税数量	计税金额或销售收入	税率或单位税额	已缴或扣除额	实际金额 亿千百十万千百十元角分
金额合计	（大写）				

| 缴款单位（人）（盖章）经办人（章） | 税务机关（盖章）填票人（章） | 上列款项已收妥并划转收款单位账户 国库（银行）盖章　年　月　日 | 备注： |

2.1.2　增值税小规模纳税人纳税申报及缴纳

2.1.2.1　实训目的

通过本节的实训，使学生了解小规模纳税人的认定；掌握增值税小规模纳税人应纳税额的计算和账务处理；熟练掌握增值税小规模纳税人纳税申报的业务流程及增值税纳税申报表的填制。

2.1.2.2　实训知识准备

小规模纳税人是指年应征增值税销售额在规定标准以下，会计核算不健全，不能够提供准确税务资料的增值税纳税人。

小规模纳税人的认定标准：①从事货物生产或提供应税劳务的纳税人，以及以从事货物生产或提供应税劳务为主，并兼营货物批发或零售的纳税人，年应税销售额在50万元以下的；②除上述规定以外的纳税人，年应税销售额在80万元以下的；③年应税销售额超过小规模纳税人标准的其他个人按小规模纳税人纳税；④非企业性单位、不经常发生应税行为的企业，可选择按小规模纳税人纳税。

我国对小规模纳税人实行简易计税的办法，不采取税款抵扣的办法。

2.1.2.3 实训流程

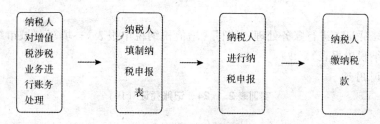

图2.2 小规模纳税人增值税纳税申报与缴纳流程

2.1.2.4 实训时间

实训授课2学时，每学时50分钟。教师可以根据专业特点和实训需求适当调整。

2.1.2.5 实训步骤

1. 对增值税涉税业务进行会计处理
1）填制记账凭证。
2）计算本期应纳的增值税额。
2. 进行增值税的纳税申报
1）填写《小规模纳税人增值税纳税申报表》。
2）填写《城市维护建设税和教育费附加申报表》。
3）进行纳税申报。
3. 增值税的缴纳
填制税收缴款书，缴纳税款。

2.1.2.6 实训体验

1. 实训资料
通海市百汇商场为增值税小规模纳税人，销售日用百货。员工人数为15人。商场法定代表人：王慧，会计主管：张海；商场开户银行：工商银行南郊支行，账号为

35783567234；纳税人识别号：130567893234761，主管税务机关核定的纳税期限为 1 个月。

2010 年 9 月商场发生下列经济业务：

1）9 月 2 日销售儿童服装一批，含税销售价格 6 360 元，款项已存入银行。

2）9 月 6 日购进学生文具一批，增值税发票上注明价款 1 700 元，税款 289 元，商品已验收入库，货款尚未支付。

3）9 月 20 日销售踏花被 50 套，取得销售收入 15 000 元，开具普通发票，款项尚未收到。

4）9 月 28 日销售保温壶 300 件，取得销售收入 15 000 元，开具普通发票，款项已存入银行。

要求：

填制记账凭证，进行账务处理；填写《增值税纳税申报表》；填写《城市维护建设税、教育费附加纳税申报表》。

2．实训用纸

实训表 2.1.24　记账凭证（19）

记 账 凭 证

字第　号
年　月　日　　　　　　　　　　　　　　　附件　张

摘要	会计科目		借方金额											贷方金额										
	总账科目	明细科目	亿	千万	百万	十万	万	千	百	十	元	角	分	亿	千万	百万	十万	万	千	百	十	元	角	分

会计主管：　　　　记账：　　　　审核：　　　　制单：

实训表 2.1.25 记账凭证（20）

记 账 凭 证

字第 号
年 月 日 　　　　　　　　　附件 张

摘要	会计科目		借方金额											贷方金额										
	总账科目	明细科目	亿	千万	百万	十万	万	千	百	十	元	角	分	亿	千万	百万	十万	万	千	百	十	元	角	分

会计主管： 　记账： 　审核： 　制单：

实训表 2.1.26 记账凭证（21）

记 账 凭 证

字第 号
年 月 日 　　　　　　　　　附件 张

摘要	会计科目		借方金额											贷方金额										
	总账科目	明细科目	亿	千万	百万	十万	万	千	百	十	元	角	分	亿	千万	百万	十万	万	千	百	十	元	角	分

会计主管： 　记账： 　审核： 　制单：

实训表2.1.27　记账凭证（22）

记 账 凭 证

字第　　号

　　　年　月　日　　　　　　　　　　　　　　附件　　张

摘要	会计科目		借方金额											贷方金额									
	总账科目	明细科目	亿	千万	百万	十万	万	千	百	十	元	角	分	亿	千万	百万	十万	万	千	百	十	元	角	分

会计主管：　　　　　记账：　　　　　审核：　　　　　制单：

实训表2.1.28　记账凭证（23）

记 账 凭 证

字第　　号

　　　年　月　日　　　　　　　　　　　　　　附件　　张

摘要	会计科目		借方金额											贷方金额									
	总账科目	明细科目	亿	千万	百万	十万	万	千	百	十	元	角	分	亿	千万	百万	十万	万	千	百	十	元	角	分

会计主管：　　　　　记账：　　　　　审核：　　　　　制单：

实训表 2.1.29 记账凭证（24）

记 账 凭 证

字第　　号

年　月　日

附件　张

摘要	会计科目		借方金额											贷方金额										
	总账科目	明细科目	亿	千万	百万	十万	万	千	百	十	元	角	分	亿	千万	百万	十万	万	千	百	十	元	角	分

会计主管：　　　　记账：　　　　审核：　　　　制单：

实训表 2.1.30 增值税纳税申报表（适用小规模纳税人）

纳税人识别号：　□□□□□□□□□□□□□□□□□□

纳税人名称（公章）：

税款所属期：　　年　月　日至　　年　月　日　　　　填表日期：　年　月　日

金额单位：元（列至角分）

	项　　目	栏次	本期数	本年累计
一、计税依据	（一）应征增值税货物及劳务不含税销售额	1		
	其中：税务机关代开的增值税专用发票不含税销售额	2	—	
	税控器具开具的普通发票不含税销售额	3		
	（二）销售使用过的应税固定资产不含税销售额	4		
	其中：税控器具开具的普通发票不含税销售额	5		
	（三）免税货物及劳务销售额	6		
	其中：税控器具开具的普通发票销售额	7		
	（四）出口免税货物销售额	8		
	其中：税控器具开具的普通发票销售额	9		

续表

二、税款计算	本期应纳税额	10	
	本期应纳税额减征额	11	
	应纳税额合计	12 = 10 − 11	
	本期预缴税额	13	—
	本期应补（退）税额	14 = 12 − 13	—

纳税人或代理人声明： 此纳税申报表是根据国家税收法律的规定填报的，我确定它是真实的、可靠的、完整的。	如纳税人填报，由纳税人填写以下各栏	
	办税人员（签章）：	财务负责人（签章）：
	法定代表人（签章）：	联系电话：
	如委托代理人填报，由代理人填写以下各栏	
	代理人名称：	经办人（签章）：
	代理人（公章）：	联系电话：

受理人：　　　受理日期：　　　年　月　日　　　受理税务机关（签章）：

实训表 2.1.31　城市维护建设税、教育费附加纳税申报表（2）

纳税人识别号   □□□□□□□□□□□□□□□

纳税人名称：（公章）

税款所属期限：自　年　月　日至　年　月　日

填表日期：　　　年　月　日　　　　　　　　　金额单位：元（列至角分）

计税依据（计征依据）		计税金额（计征金额）	税率（征收率）	本期应纳税额	本期已缴税额	本期应补（退）税额
		1	2	3 = 1 × 2	4	5 = 3 − 4
城市维护建设税	增值税					
	消费税					
	营业税					
	合计		—			
教育费附加	增值税					
	消费税					
	营业税					
	合计		—			

纳税人或代理人声明： 此纳税申报表是根据国家税收法律的规定填报的，我确信它是真实的、可靠的、完整的。	如纳税人填报，由纳税人填写以下各栏				
	经办人（签章）		会计主管（签章）		法定代表人（签章）
	如委托代理人填报，由代理人填写以下各栏				
	代理人名称				代理人（公章）
	经办人（签章）				
	联系电话				

以下由税务机关填写

受理人		受理日期		受理税务机关（签章）	

实训表 2.1.32 税收缴款书（2）

中华人民共和国税收通用缴款书

隶属关系：

注册类型：　　　　　　填发日期：　　年　月　日　　征收机关：

缴款单位（人）	代码		预算科目	编码	
	全称			名称	
	开户银行			级次	
	账号		收缴国库		

税款所属时期：　年　月　日至　月　日				税款限缴日期：　年　月　日	

品目名称	课税数量	计税金额或销售收入	税率或单位税额	已缴或扣除额	实际金额
					亿 千 百 十 万 千 百 十 元 角 分

金额合计	（大写）				

缴款单位（人）（盖章） 经办人（章）	税务机关（盖章） 填票人（章）	上列款项已收妥并划转收款单位账户 国库（银行）盖章　　年　月　日		备注：	

2.2 消费税纳税申报与缴纳实训

2.2.1 实训目的

通过本节的实训，使学生了解消费税的征税范围；掌握应纳消费税税额的计算和账务处理；熟练掌握消费税纳税的业务流程及纳税申报表的填制。

2.2.2 实训知识准备

（一）消费税征税对象

消费税是对在我国境内生产、委托加工和进口应税消费品的单位和个人征收的一种流转税。是对特定消费品选择特定环节，对销售额或销售数量征收的一种税。

（二）消费税的征税范围

消费税的征税范围包括：生产应税消费品、委托加工应税消费品、进口应税消费品和零售应税消费品。

（三）消费税的纳税义务人

凡是在中华人民共和国境内生产、委托加工和进口消费税暂行条例规定的消费品的单位和个人，以及国务院确定的销售消费税暂行条例规定的消费品的其他单位和个人，为消费税的纳税人。

（四）消费税的税目、税率

现行消费税规定的具体征税项目有 14 个税目，采用"定额税率"和"比例税率"两种税率形式。根据税目或子目的不同确定相应的税率或单位税额（见表2.6）。

表2.6 消费税税目、税率表

税 目	税 率
一、烟	
1. 卷烟	
（1）甲类卷烟（每标准条调拨价≥70元）（生产环节）	56%加0.003元/支
（2）乙类卷烟（每标准条调拨价<70元）（生产环节）	36%加0.003元/支
（3）批发环节	5%
2. 雪茄烟	36%
3. 烟丝	30%
二、酒及酒精	
1. 白酒	20%加0.5元/500克
2. 黄酒	（或者500毫升）
3. 啤酒	240元/吨
（1）甲类啤酒	250元/吨
（2）乙类啤酒	220元/吨
4. 其他酒	10%
5. 酒精	5%
三、化妆品	30%
四、贵重首饰及珠宝玉石	
1. 金银首饰、铂金首饰和钻石及钻石饰品	5%
2. 其他贵重首饰和珠宝玉石	10%
五、鞭炮、焰火	15%
六、成品油	
1. 汽油	
（1）含铅汽油	1.40元/升
（2）无铅汽油	1.20元/升
2. 柴油	0.80元/升
3. 航空煤油	0.80元/升
4. 石脑油	0.10元/升
5. 溶剂油	0.10元/升
6. 润滑油	0.10元/升
7. 燃料油	0.80元/升
七、汽车轮胎	3%
八、摩托车	
1. 汽缸容量（排气量，下同）在250毫升（含250毫升）以下的	3%
2. 汽缸容量在250毫升以上的	10%

续表

税目	税率
九、小汽车	
1. 乘用车	
（1）汽缸容量（排气量，下同）在1.0升（含1.0升）以下的	1%
（2）汽缸容量在1.0升以上至1.5升（含1.5升）的	3%
（3）汽缸容量在1.5升以上至2.0升（含2.0升）的	5%
（4）汽缸容量在2.0升以上至2.5升（含2.5升）的	9%
（5）汽缸容量在2.5升以上至3.0升（含3.0升）的	12%
（6）汽缸容量在3.0升以上至4.0升（含4.0升）的	25%
（7）汽缸容量在4.0升以上的	40%
2. 中轻型商用客车	5%
十、高尔夫球及球具	10%
十一、高档手表	20%
十二、游艇	50%
十三、木制一次性筷子	5%
十四、实木地板	5%

（五）消费税应纳税额的计算

根据消费税暂行条例规定，消费税应纳税额的计算分为三种情况：一是适用比率税率的从价课征；二是适用定额税率的从量课征；三是复合计税的课征。

1. 从价定率课征的消费税应纳税额的计算

在从价定率计算方法下，消费税的计税依据是应税消费品的销售额。销售额是指纳税人销售应税消费品向购买方收取的全部价款和价外费用，含消费税，但不含向购买方收取的增值税税款。即

$$应纳税额 = 应税消费品销售额 \times 适用税率$$

2. 从量定额课征的消费税应纳税额的计算

实行从量计征的应税消费品，其计税依据是应税消费品的销售数量，自产自用应税消费品的，为应税消费品的移送使用数量。即

$$应纳税额 = 应税消费品的销售数量（或移送使用数量） \times 定额税率$$

3. 从价定率和从量定额相结合的计算方法，即复合计税办法

$$应纳税额 = 销售额 \times 比例税率 + 销售数量 \times 定额税率$$

（六）消费税的纳税义务发生时间、纳税期限和纳税地点

1. 消费税纳税义务发生时间

纳税人销售应税消费品的，按不同的销售结算方式，确定纳税义务发生时间。

1）采取赊销和分期收款结算方式的，为书面合同约定的收款日期的当天，书面合同没有约定收款日期或者无书面合同的，为发出应税消费品的当天。

2）采取预收货款结算方式的，为发出应税消费品的当天。

3）采取托收承付和委托银行收款方式的，为发出应税消费品并办妥托收手续的当天。

4）采取其他结算方式的，为收讫销售款或者取得索取销售款凭据的当天。

5）纳税人自产自用应税消费品的，为移送使用的当天。

6）纳税人委托加工应税消费品的，为纳税人提货的当天。

7）纳税人进口应税消费品的，为报关进口的当天。

2. 消费税的纳税期限

消费税的纳税期限分别为 1 日、3 日、5 日、10 日、15 日、1 个月或者 1 个季度。纳税人的具体纳税期限，由主管税务机关根据纳税人应纳税额的大小分别核定；不能按照固定期限纳税的，可以按次纳税。

纳税人以 1 个月或者 1 个季度为 1 个纳税期的，自期满之日起 15 日内申报纳税；以 1 日、3 日、5 日、10 日或者 15 日为 1 个纳税期的，自期满之日起 5 日内预缴税款，于次月 1 日起 15 日内申报纳税并结清上月应纳税款。

3. 消费税的纳税地点

纳税人销售的应税消费品，以及自产自用的应税消费品，除国务院财政、税务主管部门另有规定外，应当向纳税人机构所在地或者居住地的主管税务机关申报纳税；委托加工的应税消费品，除受托方为个人外，由受托方向机构所在地或者居住地的主管税务机关解缴消费税税款；进口的应税消费品，应当向报关地海关申报纳税。

2.2.3 实训流程

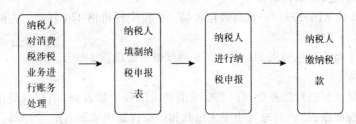

图2.3 消费税纳税申报与缴纳流程

2.2.4 实训时间

实训授课 2 学时，每学时 50 分钟。教师可以根据专业特点和实训需求适当调整。

2.2.5 实训步骤

1. 对消费税涉税业务进行会计处理

1）填制记账凭证。

2）计算本期应交消费税额。

2. 进行消费税的纳税申报

1）填写《消费税纳税申报表》。

2）填写《城市维护建设税和教育费附加申报表》。

3）进行纳税申报。

3. 消费税的缴纳

填制税收缴款书，缴纳税款。

2.2.6　实训体验

1. 实训资料

通海市雅莱有限责任公司是一家生产化妆品的生产企业，属于增值税一般纳税人。公司位于通海市长岭北路236号；纳税识别号：130156789145679；公司开户银行：工行南郊支行，账号为567821569；公司法人代表：李蒙，会计主管：王一鸣。该2010年6月发生如下业务：

1）6月5日公司将自己生产的化妆品20 000件，销售给某商场，增值税专用发票注明不含税收入600万元，该批化妆品成本360万元，价款尚未收到。

2）6月12日委托某公司加工一批化妆品香料，公司提供的材料成本为200万元，支付加工费30万元；香料收回后用于生产化妆品。该批化妆品于月末全部销售，共售10 000件。取得不含税收入760万元。款项已收回存入银行。

3）6月19日将一批自产的化妆品发放给职工，作为福利。这批化妆品的成本为5 000元。公司无同类消费品销售价格。

4）6月26日从国外进口一批高级化妆品，关税完税价格420万元，关税税率为50%。货款已支付。

公司期初未缴消费税额为316万元，本期预缴消费税款240万元。

要求：

填制记账凭证，进行账务处理；填写《消费税纳税申报表》；填写《城市维护建设税、教育费附加纳税申报表》；填写《中华人民共和国税收通用缴款书》。

2. 实训用纸

实训表 2.2.1 记账凭证（25）

记 账 凭 证

字第 号

年 月 日 附件 张

摘要	会计科目		借方金额										贷方金额									
	总账科目	明细科目	亿	千万	百万	十万	万	千	百	十	元	角	分	亿	千万	百万	十万	万	千	百	十	元	角	分

会计主管： 记账： 审核： 制单：

实训表 2.2.2 记账凭证（26）

记 账 凭 证

字第 号

年 月 日 附件 张

摘要	会计科目		借方金额										贷方金额									
	总账科目	明细科目	亿	千万	百万	十万	万	千	百	十	元	角	分	亿	千万	百万	十万	万	千	百	十	元	角	分

会计主管： 记账： 审核： 制单：

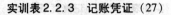

实训表2.2.3 记账凭证 (27)

记 账 凭 证

字第　号

年　月　日　　　　　　　　　　　　　　　　　附件　张

摘要	会计科目		借方金额												贷方金额										
	总账科目	明细科目	亿	千万	百万	十万	万	千	百	十	元	角	分	亿	千万	百万	十万	万	千	百	十	元	角	分

会计主管：　　　　　记账：　　　　　审核：　　　　　制单：

实训表2.2.4 记账凭证 (28)

记 账 凭 证

字第　号

年　月　日　　　　　　　　　　　　　　　　　附件　张

摘要	会计科目		借方金额												贷方金额										
	总账科目	明细科目	亿	千万	百万	十万	万	千	百	十	元	角	分	亿	千万	百万	十万	万	千	百	十	元	角	分

会计主管：　　　　　记账：　　　　　审核：　　　　　制单：

实训表2.2.5 记账凭证（29）

记 账 凭 证

字第 号

年 月 日　　　　　　　　　　　　附件 张

摘要	会计科目		借方金额										贷方金额									
	总账科目	明细科目	亿	千万	百万	十万	万	千	百	十	元	角	分	亿	千万	百万	十万	万	千	百	十	元	角	分

会计主管：　　　记账：　　　审核：　　　制单：

实训表2.2.6 记账凭证（30）

记 账 凭 证

字第 号

年 月 日　　　　　　　　　　　　附件 张

摘要	会计科目		借方金额										贷方金额									
	总账科目	明细科目	亿	千万	百万	十万	万	千	百	十	元	角	分	亿	千万	百万	十万	万	千	百	十	元	角	分

会计主管：　　　记账：　　　审核：　　　制单：

实训表 2.2.7 记账凭证（31）

记 账 凭 证

字第 号

年 月 日　　　　　　　　　　　　　　附件 张

摘要	会计科目		借方金额										贷方金额									
	总账科目	明细科目	亿	千万	百万	十万	万	千	百	十	元	角	分	亿	千万	百万	十万	万	千	百	十	元	角	分

会计主管：　　　　记账：　　　　审核：　　　　制单：

实训表 2.2.8 记账凭证（32）

记 账 凭 证

字第 号

年 月 日　　　　　　　　　　　　　　附件 张

摘要	会计科目		借方金额										贷方金额									
	总账科目	明细科目	亿	千万	百万	十万	万	千	百	十	元	角	分	亿	千万	百万	十万	万	千	百	十	元	角	分

会计主管：　　　　记账：　　　　审核：　　　　制单：

实训表2.2.9　记账凭证（33）

记 账 凭 证

字第　号
附件　张

年　月　日

摘要	会计科目		借方金额											贷方金额										
	总账科目	明细科目	亿	千万	百万	十万	万	千	百	十	元	角	分	亿	千万	百万	十万	万	千	百	十	元	角	分

会计主管：　　　记账：　　　审核：　　　制单：

实训表2.2.10　记账凭证（34）

记 账 凭 证

字第　号
附件　张

年　月　日

摘要	会计科目		借方金额											贷方金额										
	总账科目	明细科目	亿	千万	百万	十万	万	千	百	十	元	角	分	亿	千万	百万	十万	万	千	百	十	元	角	分

会计主管：　　　记账：　　　审核：　　　制单：

81

实训表2.2.11 消费税纳税申报表

填表日期　　　年　　月　　日　　　　　　　金额单位：元（列至角分）

纳税人识别号 □□□□□□□□□□□□□□□□□□

应税消费品名称	适用税目	应税销售额(数量)	适用税率(单位税额)	当期准予扣除外购应税消费品买价				外购应税消费品适用税率
				合计	期初库存外购应税消费品买价	当期购进外购应税消费品买价	期末库存外购应税消费品买价	
1	2	3	4	5＝6＋7－8	6	7	8	9
合计								

应纳消费税		当期准予扣除外购应税消费品已纳税款	当期准予扣除委托加工应税消费品已纳税款			
本期	累计		合计	期初库存委托加工应税消费品已纳税款	当期收回委托加工应税消费品已纳税款	期末库存委托加工应税消费品已纳税款
15＝3×4－10 或 3×4－11 或 3×4－10－11	16	10＝5×9	11＝12＋13－14	12	13	14

已纳消费税		本期应补（退）税金额			
本期	累计	合计	上期结算税额	补交本年度欠税	补交以前年度欠税
17	18	19＝15－17＋20＋21＋22	20	21	22

截止上年底累计欠税额	本年度新增欠款额	
	本期	累计
23	24	25

减免税额	预缴税额	多缴税额

如纳税人填报，由纳税人填写以下各栏		如委托代理人填报，由代理人填写以下各栏			备注
会计主管：	纳税人	代理人名称		代理人	
		代理人地址		（公章）	
（签章）	（公章）	经办人		电话	
以下由税务机关填写					
收到申报表日期		接收人			

实训表2.2.12 城市维护建设税、教育费附加纳税申报表（3）

纳税人识别号 ☐☐☐☐☐☐☐☐☐☐☐☐☐☐☐☐☐☐

纳税人名称：（公章）

税款所属期限：自　　年　　月　　日至　　年　　月　　日

填表日期：　　年　月　日　　　　　　金额单位：元（列至角分）

计税依据（计征依据）		计税金额（计征金额）	税率（征收率）	本期应纳税额	本期已缴税额	本期应补（退）税额
		1	2	3＝1×2	4	5＝3－4
城市维护建设税	增值税					
	消费税					
	营业税					
	合计		—			
教育费附加	增值税					
	消费税					
	营业税					
	合计		—			
纳税人或代理人声明： 　　此纳税申报表是根据国家税收法律的规定填报的，我确信它是真实的、可靠的、完整的。	如纳税人填报，由纳税人填写以下各栏					
	经办人（签章）		会计主管（签章）		法定代表人（签章）	
	如委托代理人填报，由代理人填写以下各栏					
	代理人名称				代理人（公章）	
	经办人（签章）					
	联系电话					

以下由税务机关填写

受理人		受理日期		受理税务机关（签章）	

实训表 2.2.13　税收缴款书（3）

中华人民共和国
税收通用缴款书

隶属关系：
注册类型：　　　　　　　　　　　填发日期：　　年　月　日　　　征收机关：

缴款单位（人）	代码		预算科目	编码	
	全称			名称	
	开户银行			级次	
	账号		收缴国库		

| 税款所属时期：　年　月　日至　月　日 | | | | 税款限缴日期：　年　月　日 | | | | | | | | | | |

品目名称	课税数量	计税金额或销售收入	税率或单位税额	已缴或扣除额	实际金额									
					亿	千	百	十	万	千	百	十	元	角	分

| 金额合计 | （大写） | | | | | | | | | | | | | |

缴款单位（人）（盖章） 经办人（章）	税务机关（盖章） 填票人（章）	上列款项已收妥并划转收款单位账户 国库（银行）盖章　　年　月　日	备注：

2.3　营业税纳税申报与缴纳实训

2.3.1　实训目的

　　通过本节的实训，使学生了解营业税税目和税率；掌握应纳营业税税额的计算和账务处理；熟练掌握营业税纳税业务流程及纳税申报表的填制。

2.3.2　实训知识准备

（一）营业税的概念

营业税是以在我国境内提供应税劳务、转让无形资产和销售不动产所取得的营业额为课税对象而征收的一种流转税。

营业税与增值税的区别，一是课税对象不同。营业税的课税对象侧重于提供劳务行为，而销售商品的行为只限于转让无形资产和销售不动产。增值税的课税对象侧重于销售包括电力、热力、气体等商品在内的有形动产行为，其提供劳务行为仅限于加工、修理修配劳务。二是价税关系不同。营业税属价内税，增值税属价外税。

营业税与增值税的联系是二者规定的征税范围有互补性。

（二）营业税纳税义务人

营业税的纳税义务人为在我国境内提供应税劳务、转让无形资产或者销售不动产的单位和个人。

纳税义务人的特殊规定：①铁路运输的纳税人。中央铁路运营业务的纳税人为铁道部，合资铁路运营业务的纳税人为合资铁路公司，地方铁路运营业务的纳税人为地方铁路管理机构，基建临管线运营业务的纳税人为基建临管线管理机构。②从事其他运输业务，包括从事水路运输、航空运输、管道运输或其他陆路运输业务的纳税人为从事运输业务并计算盈亏的单位；③单位以承包、承租、挂靠方式经营的承包人、承租人、挂靠人（以下统称承包人）发生应税行为，承包人以发包人、出租人、被挂靠人（以下统称发包人）名义对外经营并由发包人承担相关法律责任的，以发包人为纳税人；否则以承包人为纳税人。④建筑安装工程实行分包或转包形式的，以分包或转包人为纳税人。⑤金融保险业纳税人包括：银行（人民银行、商业银行、政策性银行）、信用合作社、证券公司、金融租赁公司、证券基金管理公司、财务公司、信托投资公司、证券投资基金、保险公司及其他经中国人民银行、中国证监会、中国保监会批准成立且经营金融保险业务的机构等。

（三）营业税扣缴义务人

委托金融机构发放贷款的，受托发放贷款的金融机构为扣缴义务人；建筑安装业务实行分包或转包的，总承包人为扣缴义务人；境外单位或者个人在境内发生应税行为而在境内未设有机构的，其代理人为扣缴义务人；没有代理人的，以受让者或购买者为扣缴义务人；单位或者个人举行演出，由他人售票的，以售票者为扣缴义务人；演出经纪人为个人的，其办理演出业务的应纳税额以售票者为扣缴义务人；分保险业务，以初保人为扣缴义务人；个人转让专利权、非专利技术、商标权、著作权和商誉的，以受让者为扣缴义务人；财政部规定的其他扣缴义务人。

（四）营业税的税目和税率

营业税的税目是按行业设计的。我国营业税主要设置交通运输业、建筑业、金融保险业、邮电通信业、文化体育业、娱乐业、服务业、转让无形资产和销售不动产等9个税目。

我国现行营业税采用比例税率形式，设置了3%、5%、5%～20%三档税率。交通运输、建筑安装、邮电通信及文化体育，适用的税率为3%；金融保险、服务业、转让无形资产及销售不动产，适用的税率为5%；娱乐业适用的税率为5%～20%。

（五）营业税应纳税额的计算

营业税的计税依据为纳税人提供应税劳务、转让无形资产或者销售不动产向对方收取的全部价款和价外费用。其中，价外费用包括向对方收取的手续费、基金、集资费、代收款项、代垫款项及其他各种性质的价外收费。即

$$应纳税额 = 营业额 \times 税率$$

（六）营业税起征点

营业税起征点，是指纳税人营业额合计达到起征点。

营业税起征点的适用范围限于个人。

营业税起征点的幅度规定如下：按期纳税的，为月营业额 1000～5000 元；按次纳税的，为每次（日）营业额 100 元。

（七）营业税的纳税地点和纳税期限

1. 营业税纳税地点

1）纳税人提供应税劳务应当向其机构所在地或者居住地的主管税务机关申报纳税。但是，纳税人提供的建筑业劳务以及国务院财政、税务主管部门规定的其他应税劳务，应当向应税劳务发生地的主管税务机关申报纳税。

2）纳税人转让无形资产应当向其机构所在地或者居住地的主管税务机关申报纳税。但是，纳税人转让、出租土地使用权，应当向土地所在地的主管税务机关申报纳税。

3）纳税人销售、出租不动产应当向不动产所在地的主管税务机关申报纳税。

2. 营业税纳税期限

营业税的纳税期限分别为 5 日、10 日、15 日、1 个月或者 1 个季度。纳税人的具体纳税期限，由主管税务机关根据纳税人应纳税额的大小分别核定；不能按照固定期限纳税的，可以按次纳税。

纳税人以 1 个月或者 1 个季度为一个纳税期的，自期满之日起 15 日内申报纳税；以 5 日、10 日或者 15 日为一个纳税期的，自期满之日起 5 日内预缴税款，于次月 1 日起 15 日内申报纳税并结清上月应纳税款。

2.3.3 实训流程

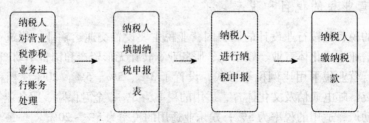

图 2.4　营业税纳税申报与缴纳流程

2.3.4 实训时间

实训授课 2 学时，每学时 50 分钟。教师可以根据专业特点和实训需求适当调整。

2.3.5 实训步骤

1. 对营业税涉税业务进行会计处理
1）填制记账凭证。
2）计算本期应交营业税额。
2. 进行营业税的纳税申报
1）填写《营业税纳税申报表》。
2）填写《城市维护建设税和教育费附加申报表》。
3）进行纳税申报。
3. 营业税的缴纳
填制税收缴款书，缴纳税款。

2.3.6 实训体验

1. 实训资料

通海市飞龙运输有限责任公司是一家私营运输企业。公司位于通海市公园北路 16 号；公司开户银行：招行西郊支行，银行账号为 556783921；纳税人识别号：130104578572721；公司法人代表：李勇，会计主管：韩冰。2010 年 6 月该公司经营情况如下：

1）6 月 3 日公司取得境内客运收入 8 万元，收取价外费用 2 000 元。

2）6 月 10 日公司取得境内货运收入 30 万元，收取价外费用 2 000 元。

3）6 月 15 日公司取得联运业务收入 80 万元，其中应付给境外联运公司的运费 38 万元。

4）6 月 23 日公司将一项专利使用权进行转让，金额为 2 万元。

5）6 月 28 日公司出售办公楼一栋，金额为 1 000 万元。

要求：

填制记账凭证，进行账务处理；填写《营业税纳税申报表》；填写《城市维护建设税、教育费附加纳税申报表》；填写《中华人民共和国税收通用缴款书》。

2. 实训用纸

实训表2.3.1 记账凭证（35）

记 账 凭 证

字第 号

年 月 日

附件 张

摘要	会计科目		借方金额										贷方金额									
	总账科目	明细科目	亿	千万	百万	十万	万	千	百	十	元	角	分	亿	千万	百万	十万	万	千	百	十	元	角	分

会计主管：   记账：   审核：   制单：

实训表2.3.2 记账凭证（36）

记 账 凭 证

字第 号

年 月 日

附件 张

摘要	会计科目		借方金额										贷方金额									
	总账科目	明细科目	亿	千万	百万	十万	万	千	百	十	元	角	分	亿	千万	百万	十万	万	千	百	十	元	角	分

会计主管：   记账：   审核：   制单：

实训表 2.3.3 记账凭证（37）

记 账 凭 证

年　月　日

字第　号

附件　张

摘要	会计科目		借方金额											贷方金额										
	总账科目	明细科目	亿	千万	百万	十万	万	千	百	十	元	角	分	亿	千万	百万	十万	万	千	百	十	元	角	分

会计主管：　　　　记账：　　　　审核：　　　　制单：

实训表 2.3.4 记账凭证（38）

记 账 凭 证

年　月　日

字第　号

附件　张

摘要	会计科目		借方金额											贷方金额										
	总账科目	明细科目	亿	千万	百万	十万	万	千	百	十	元	角	分	亿	千万	百万	十万	万	千	百	十	元	角	分

会计主管：　　　　记账：　　　　审核：　　　　制单：

实训表 2.3.5 记账凭证（39）

记 账 凭 证

字第　号

年　月　日　　　　　　　　　　　　　　　　　　附件　张

摘要	会计科目		借方金额										贷方金额									
	总账科目	明细科目	亿	千万	百万	十万	万	千	百	十	元	角	分	亿	千万	百万	十万	万	千	百	十	元	角	分

会计主管：　　　记账：　　　审核：　　　制单：

实训表 2.3.6 记账凭证（40）

记 账 凭 证

字第　号

年　月　日　　　　　　　　　　　　　　　　　　附件　张

摘要	会计科目		借方金额										贷方金额									
	总账科目	明细科目	亿	千万	百万	十万	万	千	百	十	元	角	分	亿	千万	百万	十万	万	千	百	十	元	角	分

会计主管：　　　记账：　　　审核：　　　制单：

实训表2.3.7 记账凭证（41）

记 账 凭 证

字第 号

年 月 日 附件 张

摘要	会计科目		借方金额											贷方金额									
	总账科目	明细科目	亿	千万	百万	十万	万	千	百	十	元	角	分	亿	千万	百万	十万	万	千	百	十	元	角	分

会计主管： 记账： 审核： 制单：

实训表2.3.8 记账凭证（42）

记 账 凭 证

字第 号

年 月 日 附件 张

摘要	会计科目		借方金额											贷方金额									
	总账科目	明细科目	亿	千万	百万	十万	万	千	百	十	元	角	分	亿	千万	百万	十万	万	千	百	十	元	角	分

会计主管： 记账： 审核： 制单：

实训表2.3.9 记账凭证（43）

记 账 凭 证

字第 号

年 月 日   附件 张

摘要	会计科目		借方金额										贷方金额									
	总账科目	明细科目	亿	千万	百万	十万	万	千	百	十	元	角	分	亿	千万	百万	十万	万	千	百	十	元	角	分

会计主管：   记账：   审核：   制单：

实训表2.3.10 记账凭证（44）

记 账 凭 证

字第 号

年 月 日   附件 张

摘要	会计科目		借方金额										贷方金额									
	总账科目	明细科目	亿	千万	百万	十万	万	千	百	十	元	角	分	亿	千万	百万	十万	万	千	百	十	元	角	分

会计主管：   记账：   审核：   制单：

实训表2.3.11 记账凭证（45）

记 账 凭 证

字第 号

年 月 日 　　　　　附件 张

摘要	会计科目		借方金额										贷方金额									
	总账科目	明细科目	亿	千万	百万	十万	万	千	百	十	元	角	分	亿	千万	百万	十万	万	千	百	十	元	角	分

会计主管： 　　　记账： 　　　审核： 　　　制单：

实训表2.3.12 记账凭证（46）

记 账 凭 证

字第 号

年 月 日 　　　　　附件 张

摘要	会计科目		借方金额										贷方金额									
	总账科目	明细科目	亿	千万	百万	十万	万	千	百	十	元	角	分	亿	千万	百万	十万	万	千	百	十	元	角	分

会计主管： 　　　记账： 　　　审核： 　　　制单：

实训表 2.3.13　营业税纳税申报表

填表日期　　　年　　月　　日

纳税人识别号 ☐☐☐☐☐☐☐☐☐☐☐☐☐☐☐☐☐☐

金额单位：元（列至角分）

纳税人名称								税款所属时期			
项目	经营项目	营业额					税率	本期			
		全部收入	不征税项目	减除项目	减免税项目	应税营业额		应纳税额	减免税额	已纳税额	应补（退）税额
1	2	3	4	5	6	7＝3－4 －5－6	8	9＝7×8	10＝6×8	11	12
合计											
如纳税人填报，由纳税人填写以下各栏			如委托代理人填报，由代理人填写以下各栏								备注
会计主管 （签章）		纳税人 （签章）	代理名称							代理人 （公章）	
			地址								
			经办人				电话				
以下由税务机关填写											
收到申报表日期						接收人					

94

实训表2.3.14　城市维护建设税、教育费附加纳税申报表（4）

纳税人识别号 □□□□□□□□□□□□□□□□□□□□□□

纳税人名称：（公章）

税款所属期限：自　年　月　日至　年　月　日

填表日期：　年　月　日　　　　　　　　　　　　　金额单位：元（列至角分）

计税依据（计征依据）		计税金额（计征金额）	税率（征收率）	本期应纳税额	本期已缴税额	本期应补（退）税额
		1	2	3 = 1 × 2	4	5 = 3 − 4
城市维护建设税	增值税					
	消费税					
	营业税					
	合计		—			
教育费附加	增值税					
	消费税					
	营业税					
	合计		—			

纳税人或代理人声明：此纳税申报表是根据国家税收法律的规定填报的，我确信它是真实的、可靠的、完整的。	如纳税人填报，由纳税人填写以下各栏		
	经办人（签章）	会计主管（签章）	法定代表人（签章）
	如委托代理人填报，由代理人填写以下各栏		
	代理人名称		代理人（公章）
	经办人（签章）		
	联系电话		

以下由税务机关填写

受理人		受理日期		受理税务机关（签章）	

实训表 2.3.15 税收缴款书（4）

中华人民共和国
税收通用缴款书

隶属关系：

注册类型：　　　　　　　填发日期：　　年　月　日　　征收机关：

缴款单位（人）	代码		预算科目	编码	
	全称			名称	
	开户银行			级次	
	账号		收缴国库		

| 税款所属时期：　年　月　日至　月　日 | | | | 税款限缴日期：　年　月　日 | |

品目名称	课税数量	计税金额或销售收入	税率或单位税额	已缴或扣除额	实际金额 亿 千 百 十 万 千 百 十 元 角 分
金额合计	（大写）				

缴款单位（人）（盖章）经办人（章）	税务机关（盖章）填票人（章）	上列款项已收妥并划转收款单位账户 国库（银行）盖章　年　月　日	备注：

第 3 章　企业所得税纳税申报与缴纳实训

3.1　实训目的

通过本章的实训，使学生了解企业收入总额、不征税收入、免税收入额的构成和准予扣除项目的范围和标准；掌握应纳税所得额的确定，正确计算出应纳所得税额；熟练掌握企业所得税纳税申报的业务流程和纳税申报表填制。

3.2　实训知识准备

（一）企业所得税的纳税义务人

企业所得税是以企业取得的生产经营所得和其他所得为征税对象所征收的一种税。企业所得税的纳税义务人，是指在中华人民共和国境内的企业和其他取得收入的组织（以下统称企业）。

企业所得税纳税人分为居民企业和非居民企业。所谓居民企业，是指依法在中国境内成立，或者依照外国（地区）法律成立但实际管理机构在中国境内的企业。居民企业负有无限纳税义务，就其来源于中国境内外的全部所得纳税。所谓非居民企业，是指依照外国（地区）法律成立且实际管理机构不在中国境内，但在中国境内设立机构、场所的，或者在中国境内未设立机构、场所，但有来源于中国境内所得的企业。

我国采用了"登记注册地标准"和"实际管理机构地标准"相结合的办法，对居民企业和非居民企业作了明确界定。

（二）税率

企业所得税的基本税率为25%，适用于居民企业和在中国境内设有机构、场所且所得与机构、场所有关联的非居民企业。符合条件的小型微利企业，适用20%的税率。在中国境内未设立机构、场所的，或者虽设立机构、场所但取得的所得与其所设机构、场所没有实际联系的非居民企业来源于中国境内的所得，适用20%的税率。对国家需要重点扶持的高新技术企业，适用15%的税率。

（三）应纳税所得额的确定

应纳税所得额是计算企业所得税税款的依据，它是指企业每一纳税年度的收入总额，减除不征税收入、免税收入、各项扣除以及允许弥补的以前年度亏损后的余额，即

应纳税所得额 = 收入总额 – 不征税收入 – 免税收入 – 各项扣除 – 以前年度亏损

1. 收入总额

企业以货币形式和非货币形式从各种来源取得的收入为收入总额。包括销售货物收入、提供劳务收入、转让财产收入、股息、红利收入、利息收入、租金收入、特许权使用费收入、接受捐赠收入和其他收入。

2. 不征税收入

收入总额中的下列收入为不征税收入：①财政拨款；②依法收取并纳入财政管理的行政事业性收费、政府性基金；③国务院规定的其他不征税收入。

3. 免税收入

企业的下列收入为免税收入：①国债利息收入；②符合条件的居民企业之间的股息、红利收入；③在中国境内设立机构、场所的非居民企业从居民企业取得与该机构、场所有实际联系的股息、红利收入；④符合条件的非营利组织的收入。

4. 扣除项目

企业实际发生的与取得收入有关的、合理的支出，包括成本、费用、税金、损失和其他支出，准予在计算应纳税所得额时扣除。法律规定的允许扣除的项目包括：①工资、薪金支出。企业实际发生的合理的职工工资薪金，准予在税前扣除。②职工福利费、工会经费、职工教育经费。企业发生的职工福利费支出，不超过工资薪金总额14%的部分，准予扣除。企业拨缴的工会经费，不超过工资薪金总额2%的部分，准予扣除。除国务院财政、税务主管部门另有规定外，企业发生的职工教育经费支出，不超过工资薪金总额2.5%的部分，准予扣除；超过部分，准予在以后纳税年度结转扣除。③保险费。按标准为职工缴纳的"五险一金"可以扣除；企业为投资者或者职工支付的补充养老保险费、补充医疗保险费，在国务院财政、税务主管部门规定的范围和标准内，准予扣除；企业参加财产保险，按照规定缴纳的保险费，准予扣除；企业为投资者或者职工支付的商业保险费，不得扣除。④业务招待费、广告费、业务宣传费。企业实际发生的与经营活动有关的业务招待费，按实际发生额的60%扣除，但最高不得超过当年销售（营业）收入的5‰；企业发生的符合条件的广告费和业务宣传费支出，除国务院财政、税务主管部门另有规定外，不超过当年销售（营业）收入15%的部分，准予扣除；超过部分，准予在以后纳税年度结转扣除。⑤利息支出。非金融企业向金融企业借款的利息支出、金融企业的各项存款利息支出和同业拆借利息支出、企业经批准发行债券的利息支出；非金融企业向非金融企业借款的利息支出，不超过按照金融企业同期同类贷款利率计算的数额的部分。⑥公益性捐赠支出。企业发生的公益性捐赠支出，不超过年度利润总额12%的部分，准予扣除。

（四）应纳税额的计算

1. 居民企业应纳税额的计算

企业应纳税额 = 应纳税所得额 × 适用税率 – 减免税额 – 抵免税额

2. 非居民企业应纳税额的计算

非居民企业应纳税额的计算按照下列方法计算其应纳税所得额：①股息、红利等权益性投资收益和利息、租金、特许权使用费所得，以收入全额为应纳税所得额；②转让财产所得，以收入全额减除财产净值后的余额为应纳税所得额；③其他所得，参照前两项规定的方法计算应纳税所得额。

（五）企业所得税的纳税地点和纳税期限

1. 纳税地点

居民企业按照企业登记注册地确定纳税地点（登记注册地在境外的，以实际管理机构所在地为纳税地点）。在中国设立机构、场所的非居民企业取得来源于我国境内的所得，应当以机构、场所所在地为纳税地点。不在中国境内设立机构、场所的非居民企业取得来源于我国境内的所得，应当以扣缴义务人所在地为纳税地点。

2. 纳税期限

居民企业在中国境内设立的不具有法人资格的所有营业机构，应当汇总计算、缴纳企业所得税。非居民企业在中国境内设立两个或者两个以上机构、场所的，经税务机关审核批准，可以选择由其主要机构、场所汇总缴纳企业所得税。对于独立企业而言，除非国务院另有规定，不得汇总缴纳企业所得税。

企业所得税按照纳税年度计算，纳税年度从公历1月1日至12月31日。企业在年度中间开业或者终止经营的，应当以实际经营期为一个纳税年度。

缴纳企业所得税，按年计算，分月或者分季预缴。月份或者季度终了后15日内预缴，年度终了后5个月内汇算清缴，多退少补。

3.3 实 训 流 程

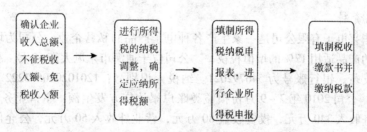

图 3.1 企业所得税纳税申报与缴纳流程

99

3.4 实 训 时 间

实训授课 4 学时，每学时 50 分钟。教师可以根据专业特点和实训需求适当调整。

3.5 实 训 步 骤

1. 对企业所得税涉税业务进行会计处理
1）填制记账凭证。
2）进行所得税的纳税调整。
3）计算企业应纳所得税税额。
2. 进行企业所得税的纳税申报
1）填写《企业所得税纳税申报表》。
2）进行企业所得税纳税申报。
3. 企业所得税的缴纳
填制税收缴款书，缴纳税款。

3.6 实 训 体 验

3.6.1 实训业务一

1. 实训资料

通海市华兴电子有限公司是一家生产各种电子产品的私营企业，公司为增值税一般纳税人，生产的产品适用 17% 的增值税税率。公司位于通海市东风大街 18 号。公司开户银行是工行东风支行，银行账号为 546792021。纳税人识别号：120102010583222。公司所得税税率为 25%。公司 2010 年 7～9 月份损益类账户累计贷方发生额：主营业务收入 1 000 万元，其他业务收入 340 万元，投资收益 80 万元，营业外收入 50 万元，公允价值变动收益 20 万元；7～9 月份损益类账户累计借方发生额：主营业务成本 500 万元，其他业务成本 180 万元，销售费用 300 万元，管理费用 160 万元，财务费用 40 万元，营业税金及附加 24 万元，资产减值损失 20 万元，营业外支出 30 万元。第三季度公司的利润总额为 236 万元。会计人员审核其 2010 年 7～9 月份账证资料时发现：

1）公司于 2010 年 7 月 1 日从银行贷款 200 万元，期限一年，年利率 6%；2010 年 8 月 1 日从其他公司借入 160 万元，期限一年，年利率 10%。

2）公司2010年7~9月份发生的工资薪金支出140万元，职工福利费20万元，职工教育经费8万元。

3）公司2010年7~9月份发生的业务招待费支出68万元，广告费支出200万元。

4）公司2010年7~9月份通过民政部门向灾区捐赠30万元。

5）公司第三季度取得国债利息收入20万元。

要求：

根据提供的相关资料，进行所得税的纳税调整；计算企业应纳所得税税额；填写《企业所得税纳税申报表》，进行企业所得税的纳税申报及缴纳。

2. 实训用纸

实训表3.6.1 所得税纳税调整

纳税调整前所得
应纳税所得额
应纳所得税额

实训表 3.6.2　企业所得税纳税申报表（1）

税款所属时间：　　　　年　月日 至 年月日

纳税人识别号：　　　　　　　　　　　　金额单位：万元（列至角分）

类别	行次	项　　目	金　额
利润总额计算	1	一、营业收入（填附表一）	
	2	减：营业成本（填附表二）	
	3	营业税金及附加	
	4	销售费用（填附表二）	
	5	管理费用（填附表二）	
	6	财务费用（填附表二）	
	7	资产减值损失	
	8	加：公允价值变动收益	
	9	投资收益	
	10	二、营业利润	
	11	加：营业外收入（填附表一）	
	12	减：营业外收入（填附表二）	
	13	三、利润总额（3＋1－12）	
应纳税所得额计算	14	加：纳税调整增加额（填附表三）	
	15	减：纳税调整减少额（填附表三）	
	16	其中：不征税收入	
	17	免税收入	
	18	减计收入	
	19	减、免税项目所得	
	20	加计扣除	
	21	抵扣应纳税所得额	
	22	加：境外应税所得弥补境内亏损	
	23	纳税调整后所得（13＋14－15＋22）	
	24	弥补以前年度亏损（填附表四）	
	25	应纳税所得额（23－24）	

类别	行次	项　目	金　额
应纳税额计算	26	税率（25%）	
	27	应纳所得税额（25×26）	
	28	减：减免所得税额（填附表五）	
	29	减：抵免税得税额（填附表五）	
	30	应纳税额（27－28－29）	
	31	加：境外所得应纳所得税额（填附表六）	
	32	减：境外所得抵免所得税额（填附表六）	
	33	实际应纳所得税额（30＋31－32）	
	34	减：本期累计实际已预缴的所得税额	
	35	其中：汇总纳税的总机构分摊预缴的税额	
	36	汇总纳税的总机构财政调库预缴的税额	
	37	汇总纳税总机构所属分支机构分摊的预缴税额	
	38	合并纳税（母子体制）成员企业就地预缴比例	
	39	合并纳税企业就地预缴的所得税额	
	40	本年应退（补）的所得税额	
附列资料	41	以前年度多缴的所得税额在本年抵减额	
	42	以前年度应缴未缴在本年入库所得税额	

纳税人公章：	代理申报中介机构公章：	主管税务机关受理专用章：
经办人： 申报日期：　年 月 日	经办人及执业证件号码： 代理申报日期：　年 月 日	受理人： 受理日期：　年 月 日

实训表 3.6.3　税收缴款书（5）

中华人民共和国

税收通用缴款书

隶属关系：

注册类型：　　　　　　　　填发日期：　　年　月　日　　　　征收机关：

缴款单位（人）	代码		预算科目	编码	
	全称			名称	
	开户银行			级次	
	账号		收缴国库		

税款所属时期：　年　月　日至　月　日　　　　　　税款限缴日期：　年　月　日

品目名称	课税数量	计税金额或销售收入	税率或单位税额	已缴或扣除额	实际金额									
					亿	千	百	十	万	千	百	十	元	角	分
金额合计	（大写）														

缴款单位（人）（盖章）经办人（章）	税务机关（盖章）填票人（章）	上列款项已收妥并划转收款单位账户 国库（银行）盖章　　年　月　日	备注：

3.6.2　实训业务二

1. 实训资料

通海市美弘公司是一家生产各种机床的制造企业，公司为增值税一般纳税人，生产的产品适用 17% 的增值税税率。公司位于通海市公园北路 16 号。公司开户银行是招行北宫支行，银行账号为 546568921。纳税人识别号：130103678923222。公司所得税税率为 25%。该公司 2010 年度生产经营情况如下：全年取得产品销售收入 6 500 万元，发生的产品销售成本 4 000 万元；其他业务收入 300 万元，其他业务成本 190 万元；取得国债利息收入 40 万元；缴纳非增值税销售税金及附加 300 万元；发生的管理费用 760 万元，其中：业务招待费用 70 万元，新技术研究新开发费用 60 万元；发生的财务费用 200 万元，其中：向非金融机构借款利息 50 万元，年息 10%（银行同期同类贷款利率 6%）；取得直接投资其他居民企业权益性收益 34 万元（已在投资方所在地按 15% 的税率缴纳了所得税）；取得营业外收入 100 万元；发生营业外支出 250 万元，其中：向供货商支付违约金 15 万元，接受环保局罚款 8 万元，通过政府部门向灾区捐款 50 万元。公司已预缴企业所得税 120 万元。

要求：

根据提供的相关资料，进行所得税的纳税调整；计算企业应纳所得税税额；计算企业2010 年度应补（退）的企业所得税税额；编制《企业所得税纳税申报表》、《纳税调整增加项目明细表》，进行企业所得税的纳税申报及缴纳。

2. 实训用纸

实训表 3.6.4　2010 年度应补（退）的企业所得税税额计算表

纳税调整前所得
应纳税所得额 （1）成本、费用、支出调整项目
（2）纳税调整增加额
（3）纳税调整后所得
（4）应补税投资收益已缴所得税额
（5）应纳税所得额
（6）应纳所得税额
（7）2010 年度应补缴的企业所得税额

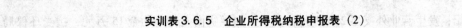

实训表3.6.5 企业所得税纳税申报表（2）

税款所属时间：　　　年　月　日　至　年　月　日

纳税人识别号：　　　　　　　　　　　　　　　　　　金额单位：万元（列至角分）

类别	行次	项目	金额
利润总额计算	1	一、营业收入（填附表一）	
	2	减：营业成本（填附表二）	
	3	营业税金及附加	
	4	销售费用（填附表二）	
	5	管理费用（填附表二）	
	6	财务费用（填附表二）	
	7	资产减值损失	
	8	加：公允价值变动收益	
	9	投资收益	
	10	二、营业利润	
	11	加：营业外收入（填附表一）	
	12	减：营业外收入（填附表二）	
	13	三、利润总额（3＋1－12）	
应纳税所得额计算	14	加：纳税调整增加额（填附表三）	
	15	减：纳税调整减少额（填附表三）	
	16	其中：不征税收入	
	17	免税收入	
	18	减计收入	
	19	减、免税项目所得	
	20	加计扣除	
	21	抵扣应纳税所得额	
	22	加：境外应税所得弥补境内亏损	
	23	纳税调整后所得（13＋14－15＋22）	
	24	弥补以前年度亏损（填附表四）	
	25	应纳税所得额（23－24）	

续表

	26	税率（25%）	
应纳税额计算	27	应纳所得税额（25×26）	
	28	减：减免所得税额（填附表五）	
	29	减：抵免所得税额（填附表五）	
	30	应纳税额（27－28－29）	
	31	加：境外所得应纳所得税额（填附表六）	
	32	减：境外所得抵免所得税额（填附表六）	
	33	实际应纳所得税额（30+31－32）	
	34	减：本期累计实际已预缴的所得税额	
	35	其中：汇总纳税的总机构分摊预缴的税额	
	36	汇总纳税的总机构财政调库预缴的税额	
	37	汇总纳税总机构所属分支机构分摊的预缴税额	
	38	合并纳税（母子体制）成员企业就地预缴比例	
	39	合并纳税企业就地预缴的所得税额	
	40	本年应退（补）的所得税额	
附列资料	41	以前年度多缴的所得税额在本年抵减额	
	42	以前年度应缴未缴在本年入库所得税额	

纳税人公章：	代理申报中介机构公章：	主管税务机关受理专用章：
经办人： 申报日期： 年 月 日	经办人及执业证件号码： 代理申报日期： 年 月 日	受理人： 受理日期： 年 月 日

实训表3.6.6 企业所得税年度纳税申报表附表一——收入明细表

填报时间：年 月 日　　　　　　　　　金额单位：元（列至角分）

行次	项目	金额
1	一、销售（营业）收入合计（2＋13）	
2	（一）营业收入合计（3＋8）	
3	1. 主营业务收入（4＋5＋6＋7）	
4	（1）销售货物	
5	（2）提供劳务	
6	（3）让渡资产使用权	
7	（4）建造合同	
8	2. 其他业务收入（9＋10＋11＋12）	
9	（1）材料销售收入	
10	（2）代购代销手续费收入	
11	（3）包装物出租收入	
12	（4）其他	
13	（二）视同销售收入（14＋15＋16）	
14	（1）非货币性交易视同销售收入	
15	（2）货物、财产、劳务视同销售收入	
16	（3）其他视同销售收入	
17	二、营业外收入（18＋19＋20＋21＋22＋23＋24＋25＋26）	
18	1. 固定资产盘盈	
19	2. 处置固定资产净收益	
20	3. 非货币性资产交易收益	
21	4. 出售无形资产收益	
22	5. 罚款净收入	
23	6. 债务重组收益	
24	7. 政府补助收入	
25	8. 捐赠收入	
26	9. 其他	

经办人（签章）：　　　　　　　　　　　法定代表人（签章）：

实训表 3.6.7 企业所得税年度纳税申报表附表二——成本费用明细表

填报时间：年　月　日　　　　　　　金额单位：元（列至角分）

行次	项目	金额
1	一、销售（营业）成本合计（2＋7＋12）	
2	（一）主营业务成本（3＋4＋5＋6）	
3	（1）销售货物成本	
4	（2）提供劳务成本	
5	（3）让渡资产使用权成本	
6	（4）建造合同成本	
7	（二）其他业务成本（8＋9＋10＋11）	
8	（1）材料销售成本	
9	（2）代购代销费用	
10	（3）包装物出租成本	
11	（4）其他	
12	（三）视同销售成本（13＋14＋15）	
13	（1）非货币性交易视同销售成本	
14	（2）货物、财产、劳务视同销售成本	
15	（3）其他视同销售成本	
16	二、营业外支出（17＋18＋…＋24）	
17	1. 固定资产盘亏	
18	2. 处置固定资产净损失	
19	3. 出售无形资产损失	
20	4. 债务重组损失	
21	5. 罚款支出	
22	6. 非常损失	
23	7. 捐赠支出	
24	8. 其他	
25	三、期间费用（26＋27＋28）	
26	1. 销售（营业）费用	
27	2. 管理费用	
28	3. 财务费用	

经办人（签章）：　　　　　　　　　　法定代表人（签章）：

实训表3.6.8 税收缴款书（6）

中华人民共和国
税收通用缴款书

隶属关系：

注册类型：　　　　　　　　填发日期：　　年　月　日　　征收机关：

缴款单位（人）	代码		预算科目	编码	
	全称			名称	
	开户银行			级次	
	账号		收缴国库		

| 税款所属时期　年 月 日至 月 日 | | | | 税款限缴日期：　年 月 日 | | | | | | | | | | | | |

品目名称	课税数量	计税金额或销售收入	税率或单位税额	已缴或扣除额	实际金额										
					亿	千	百	十	万	千	百	十	元	角	分

| 金额合计 | （大写） | | | | | | | | | | | | | | |

| 缴款单位（人）（盖章）
经办人（章） | 税务机关（盖章）
填票人（章） | 上列款项已收妥并划转收款单位账户

国库（银行）盖章　年 月 日 | 备注： |

第4章 其他税种纳税申报与缴纳实训

4.1 印花税纳税申报与缴纳实训

4.1.1 实训目的

通过本节的实训,使学生了解印花税的征税范围、税目和税率;掌握印花税应纳税额的计算;熟练掌握印花税纳税的业务流程及纳税申报表的填制。

4.1.2 实训知识准备

印花税是以经济活动和经济交往中,书立、领用应税凭证的行为为征税对象征收的一种税。

(一)印花税纳税人

凡在我国境内书立、领受印花税法所列举凭证并应依法履行纳税义务的单位和个人都是印花税的纳税义务人。上述所指的单位和个人,是指国内各类企业、事业、机关、团体、部队以及中外合资企业、合作企业、外资企业、外国公司企业和其他经济组织及其在华机构等单位和个人。上述单位和个人,按照书立、使用、领受应纳税凭证的不同,可以分别确定为:立合同人、立账簿人、立据人、领受人和使用人5种。

(二)印花税税目及税率

印花税的税目是指印花税法明确规定的应当纳税的项目,它具体划定了印花税的征税范围。印花税的税率有两种形式,即比例税率和定额税率(见表4.1)。

表 4.1 印花税税目、税率

项目	范围	税率	纳税义务人	说明
1. 购销合同	包括供应、预购、采购、购销结合及协作、调剂、补偿、易货等合同	按购销金额 0.3‰贴花	立合同人	
2. 加工承揽合同	包括加工、定做、修缮、修理、印刷、广告、测绘、测试等合同	按加工或承揽收入 0.5‰贴花	立合同人	
3. 建设工程勘察设计合同	包括勘察、设计合同	按收取费用 0.5‰贴花	立合同人	
4. 建设安装工程承包合同	包括建筑、安装工程承包合同	按承包金额 0.3‰贴花	立合同人	
5. 财产租赁合同	包括租赁房屋、船舶、飞机、机动车辆、机械、器具、设备等合同	按租赁金额 1‰贴花，税额不足 1 元的按 1 元贴花	立合同人	
6. 货物运输合同	包括民用航空、铁路运输、海上运输、内河运输、公路运输和联运合同	按运输费用 0.5‰贴花	立合同人	单据作为合同使用的，按合同贴花
7. 仓储保管合同	包括仓储、保管合同	按仓储保管费用 1‰贴花	立合同人	仓单或栈单作为合同使用的，按合同贴花
8. 借款合同	银行及其他金融组织和借款人（不包括银行同业拆借）所签订的借款合同	按借款金额 0.05‰贴花	立合同人	单据作为合同使用的，按合同贴花
9. 财产保险合同	财产保险合同包括财产、责任、保证、信用等保险合同	按保险费收入 1‰贴花	立合同人	单据作为合同使用的，按合同贴花
10. 技术合同	技术合同包括技术开发、转让、咨询、服务等合同	按所载金额 0.3‰贴花	立合同人	
11. 产权转移书据	产权转移书据包括财产所有权和版权、商标专用权、专利权、专有技术使用权等转移书据	按所载金额 0.5‰贴花	立据人	
12. 营业账簿	包括资金账簿和其他账簿	资金账簿按实收资本与资本公积合计金额 0.5‰贴花；其他账簿按件贴花 5 元	立账簿人	
13. 权利、许可证照	包括政府部门发给的房屋产权证、工商营业执照、商标注册证、专利证、土地使用证	按件贴花 5 元	领受人	

（三）印花税税额的计算

纳税人根据应纳税凭证的性质，分别按比例税率或定额税率计算应纳税额。其计算公式为

$$应纳税额 = 应税凭证计税金额（或应税凭证件数）× 适用税率$$

（四）纳税环节及纳税办法

印花税应当在书立或领受时贴花。具体是指在合同签订时、账簿启用时和证照领受时贴花。如果合同是在国外签订，并且不便在国外贴花的，应在合同带入境内时办理贴花纳税手续。

印花税的纳税办法，根据税额大小、贴花次数以及税收征收管理的需要，分别采用自行贴花、汇贴或汇缴和委托代征三种纳税办法。

4.1.3　实训流程

图4.1　印花税纳税申报与缴纳流程

4.1.4　实训时间

实训授课1学时，每学时50分钟。教师可以根据专业特点和实训需求适当调整。

4.1.5　实训步骤

1. 对印花税涉税业务进行会计处理
2. 进行印花税的纳税申报
1）填写《印花税纳税申报表》。
2）进行纳税申报。
3. 印花税的缴纳
填制税收缴款书，缴纳税款。

4.1.6　实训体验

1. 实训资料
通海市凯悦股份有限公司成立于2006年，公司开户银行为建行北关支行，公司银行账

号为 9865425698，纳税人识别号为 130104979832436。公司在 2010 年 6 月发生涉及印花税的业务如下：

1）6 月 3 日，公司与长岭公司签订购销合同一份，购置价值 10 万元的设备。

2）6 月 10 日，公司与海达公司签订保管合同，委托海达公司代管公司材料，保管费 3 万元。

3）6 月 18 日，签订建行借款合同一份，所载金额 100 万元。

4）6 月 23 日，与其他企业订立转移专用技术使用权书据一份，所载金额为 400 万元。

5）6 月 29 日，查证该公司记载的账簿，"实收资本"载有资金 800 万元，"资本公积"载有资金 300 万元，其他营业账簿 10 本，该年度资金账簿上已贴印花税 2 600 元。公司 7 月 10 日申报缴纳印花税。

要求：

填制记账凭证，进行账务处理；填写《印花税纳税申报表》；填写《中华人民共和国税收通用缴款书》，缴纳税款。

2. 实训用纸

实训表 4.1.1　记账凭证（47）

记 账 凭 证

字第　号
附件　张

年　月　日

摘要	会计科目		借方金额											贷方金额										
	总账科目	明细科目	亿	千万	百万	十万	万	千	百	十	元	角	分	亿	千万	百万	十万	万	千	百	十	元	角	分

会计主管：　　　　记账：　　　　审核：　　　　制单：

实训表4.1.2 记账凭证（48）

记 账 凭 证

字第 号

年 月 日

附件 张

摘要	会计科目		借方金额										贷方金额									
	总账科目	明细科目	亿	千万	百万	十万	万	千	百	十	元	角	分	亿	千万	百万	十万	万	千	百	十	元	角	分

会计主管：   记账：   审核：   制单：

实训表4.1.3 记账凭证（49）

记 账 凭 证

字第 号

年 月 日

附件 张

摘要	会计科目		借方金额										贷方金额									
	总账科目	明细科目	亿	千万	百万	十万	万	千	百	十	元	角	分	亿	千万	百万	十万	万	千	百	十	元	角	分

会计主管：   记账：   审核：   制单：

实训表4.1.4 记账凭证（50）

记 账 凭 证

字第 号

年 月 日　　　　　　　　　　　　　　附件 张

摘要	会计科目		借方金额											贷方金额										
	总账科目	明细科目	亿	千万	百万	十万	万	千	百	十	元	角	分	亿	千万	百万	十万	万	千	百	十	元	角	分

会计主管：　　　　记账：　　　　审核：　　　　制单：

实训表4.1.5 记账凭证（51）

记 账 凭 证

字第 号

年 月 日　　　　　　　　　　　　　　附件 张

摘要	会计科目		借方金额											贷方金额										
	总账科目	明细科目	亿	千万	百万	十万	万	千	百	十	元	角	分	亿	千万	百万	十万	万	千	百	十	元	角	分

会计主管：　　　　记账：　　　　审核：　　　　制单：

实训表4.1.6 印花税纳税申报表

填表日期　　　年　　月　　　日

纳税人识别号 □□□□□□□□□□□□□□□□□

纳税人名称							税款所属时期			
应税凭证名称	件数	计税金额	适用税率	应纳税额	已纳税额	应补（退）税额	购花贴花情况			
							上期结存	本期购进	本期贴花	本期结存
1	2	3	4	$5=2\times4$ $=3\times4$	6	$7=5-6$	8	9	10	$11=8+9-10$

如纳税人填报，由纳税人填写以下各栏			如委托代理人填报，由代理人填写以下各栏			备注
会计主管	纳税人	代理人名称		代理人		
		代理人地址		（公章）		
（签章）	（公章）	经办人电话				
以下由税务机关填写						
收到申报表日期				接收人		

117

实训表 4.1.7　税收缴款书（7）

中华人民共和国

税收通用缴款书

隶属关系：

注册类型：　　　　　　　　填发日期：　　年　月　日　　征收机关：

缴款单位（人）	代码		预算科目	编码	
	全称			名称	
	开户银行			级次	
	账号		收缴国库		

| 税款所属时期　　年　月　日至　月　日 | | | | 税款限缴日期：　年　月　日 | | |

品目名称	课税数量	计税金额或销售收入	税率或单位税额	已缴或扣除额	实际金额
					亿 千 百 十 万 千 百 十 元 角 分
金额合计	（大写）				

| 缴款单位（人）（盖章）　经办人（章） | 税务机关（盖章）　填票人（章） | 上列款项已收妥并划转收款单位账户

国库（银行）盖章　年　月　日 | 备注： |

4.2　车船税纳税申报与缴纳实训

4.2.1　实训目的

　　通过本节的实训，使学生了解车船税的征税范围、税目及税额；掌握车船税应纳税额计算；熟练掌握车船税纳税的业务流程及纳税申报表的填制。

4.2.2 实训知识准备

(一) 车船税的征税对象及范围

车船税是以车船为征税对象，向在中华人民共和国境内的车辆、船舶所有人或者管理人按照《中华人民共和国车船税暂行条例》征收的一种税。车辆包括机动车辆和非机动车辆。机动车辆，指依靠燃油、电力等能源作为动力运行的车辆，如汽车、拖拉机、无轨电车等；非机动车辆，指依靠人力、畜力运行的车辆，如三轮车、自行车、畜力驾驶车等。船舶包括机动船舶和非机动船舶。机动船舶，指依靠燃料等能源作为动力运行的船舶，如客轮、货船、气垫船等；非机动船舶，指依靠人力或者其他力量运行的船舶，如木船、帆船、舢板等。

(二) 车船税的纳税人

车船税的纳税义务人，即在中华人民共和国境内，车辆、船舶的所有人或者管理人，应当依照《中华人民共和国车船税暂行条例》的规定缴纳车船税。

(三) 车船税的税目及税额

表4.2　车船税税目、税额表

税目	计税单位	每年税额（元）	备注
载客汽车	每辆	60～660	包括电车
载货汽车专项作业车	按自重每吨	16～120	包括半挂牵引车、挂车
三轮汽车低速货车	按自重每吨	24～120	
摩托车	每辆	36～180	
船舶	按净吨位每吨	3～6	拖船和非机动驳船分别按船舶税额的50%计算

(四) 车船税的计算

对于购置的新车船，购置当年的应纳税额自纳税义务发生的当月起按月计算：

$$应纳税额 = 年应纳税额 \div 12 \times 应纳税月份数$$

(五) 车船税纳税期限和纳税地点

1. 车船税纳税期限

车船税按年申报缴纳。纳税年度，自公历1月1日至12月31日止。具体申报纳税期限由省、自治区、直辖市人民政府确定。

2. 车船税纳税地点

车船税由地方税务机关负责征收。纳税地点，由省、自治区、直辖市人民政府根据当地实际情况确定。跨省、自治区、直辖市使用的车船，纳税地点为车船的登记地。

4.2.3　实训流程

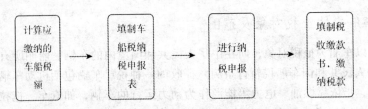

图 4.2　车船税纳税申报与缴纳流程

4.2.4　实训时间

实训授课 1 学时，每学时 50 分钟。教师可以根据专业特点和实训需求适当调整。

4.2.5　实训步骤

1. 对车船税涉税业务进行会计处理
2. 进行车船税的纳税申报
1）填写《车船税纳税申报表》。
2）进行纳税申报。
3. 车船税的缴纳
填制税收缴款书，缴纳税款。

4.2.6　实训体验

1. 实训资料

通海市运捷公司是一家股份制运输企业，公司开户银行为招行北星支行，银行账号为789641762，纳税识别号为1201035978620021。公司 2010 年车辆的情况如下：

1）载货汽车 15 辆（货车载重净吨位全部为 10 吨），其中 1 辆是当年 10 月份新购置的新车，尚未投入使用。该公司所在地载货汽车载重净吨位 10 吨的，适用税额为 80 元。

2）大型客车 20 辆，中型客车 15 辆，小型客车 10 辆。该公司所在地大型客车每辆年税额为 580 元，中型客车每辆年税额为 400 元，小型客车每辆年税额为 350 元。公司申报缴纳本年度车船税。

要求：

填制记账凭证，进行账务处理；填写《车船税纳税申报表》；填写《中华人民共和国税收通用缴款书》，缴纳税款。

2. 实训用纸

　　　　实训表4.2.1　记账凭证（52）

记 账 凭 证

字第　号

年　月　日　　　　　　　　　　　　　　　　　　附件　张

摘要	会计科目		借方金额											贷方金额										
	总账科目	明细科目	亿	千万	百万	十万	万	千	百	十	元	角	分	亿	千万	百万	十万	万	千	百	十	元	角	分

会计主管：　　　　记账：　　　　审核：　　　　制单：

　　　　实训表4.2.2　记账凭证（53）

记 账 凭 证

字第　号

年　月　日　　　　　　　　　　　　　　　　　　附件　张

摘要	会计科目		借方金额											贷方金额										
	总账科目	明细科目	亿	千万	百万	十万	万	千	百	十	元	角	分	亿	千万	百万	十万	万	千	百	十	元	角	分

会计主管：　　　　记账：　　　　审核：　　　　制单：

实训表 4.2.3　车船税纳税申报表

填表日期　　　年　　月　　日

纳税人识别号 | | | | | | | | | | | | | | | | | |

纳税人名称						税款所属时期		
车辆类型	计税标准	数量	单位税额	全年应纳税额	年缴纳次数	本年		
						应纳税额	已纳税额	应补（退）税额
1	2	3	4	$5=3×4$	6	$7=5÷6$	8	$9=7-8$
合计								

如纳税人填报，由纳税人填写以下各栏		如委托代理人填报，由代理人填写以下各栏		备注
会计主管（签章）	纳税人（签章）	代理人名称	代理人（公章）	备注
		代理人地址		
		经办人姓名		
以下由税务机关填写				
收到申报表日期			接收人	

实训表 4.2.4　税收缴款书（8）

中华人民共和国

税收通用缴款书

隶属关系：

注册类型：　　　　　　　填发日期：　　　年　　月　　日　　征收机关：

缴款单位（人）	代码		预算科目	编码	
	全称			名称	
	开户银行			级次	
	账号		收缴国库		

续表

| 税款所属时期：　年　月　日至　月　日 | | | | | 税款限缴日期：　年　月　日 | | | | | | | | | | |

品目名称	课税数量	计税金额或销售收入	税率或单位税额	已缴或扣除额	实际金额										
					亿	千	百	十	万	千	百	十	元	角	分
金额合计		（大写）													

缴款单位（人）（盖章）经办人（章）	税务机关（盖章）填票人（章）	上列款项已收妥并划转收款单位账户　国库（银行）盖章　年　月　日	备注：

逾期不缴按税法规定加收滞纳金

4.3　房产税纳税申报及缴纳实训

4.3.1　实训目的

通过本节的实训，使学生了解房产税的征税范围和计税依据，掌握房产税应纳税额计算及熟练掌握房产税纳税的业务流程及纳税申报表的填制。

4.3.2　实训知识准备

（一）房产税的概念

房产税是以房屋为征税对象，按房屋的计税余值或租金收入为计税依据，向产权所有人征收的一种财产税。

（二）纳税义务人及征税对象

房产税以在征税范围内的房屋的产权所有人为纳税义务人。其中：①产权属国家所有的，由经营管理单位纳税；产权属集体和个人所有的，由集体单位和个人纳税；②产权出典的，由承典人纳税；③产权所有人、承典人不在房屋所在地的，由房产代管人或者使用人纳税；④产权未确定及租典纠纷未解决的，由房产代管人或者使用人纳税；⑤纳税单位和个人使用房产管理部门、免税单位及纳税单位的房产，应由使用人代为缴纳房产税。

房产税的征税对象是房产，即有屋面和围护结构（有墙或两边有柱），能够遮风避雨，可供人们在其中生产、学习、工作、娱乐、居住或储藏物资的场所。

（三）征税范围

我国现行房产税的征税范围为纳税人坐落在城市、县城、建制镇和工矿区的房产。在农村的房产暂不征税。开征房产税的工矿区须经省、自治区、直辖市人民政府的批准。

（四）计税依据和税率

房产税的计税依据，有从价计征和从租计征两种。所谓"从价计征"，是指按照房产原值一次减除10%~30%后的余值计算缴纳；所谓"从租计征"，是指以房产租金收入计算缴纳。

我国现行房产税采用的是比例税率，主要有两种税率：一是实行从价计征的，税率为1.2%；二是实行从租计征的，税率为12%。

（五）应纳税额的计算

实行从价计征应纳税额的计算，是指按照房产的原值减除一定比例后的余额来计算征收房产税。其计算公式为

$$应纳税额 = 应税房产原值 \times （1 - 扣除比例） \times 1.2\%$$

实行从租计征应纳税额的计算，是指按房产出租的租金收入来计算征收房产税。其计算公式为

$$应纳税额 = 租金收入 \times 12\%$$

（六）纳税申报及缴纳

1. 房产税纳税义务发生时间

纳税人将原有房产用于生产经营，从生产经营之月起，缴纳房产税；纳税人自行新建房屋用于生产经营，从建成之日的次月起，缴纳房产税；纳税人委托施工企业建设的房屋，从办理验收手续的次月起，缴纳房产税；纳税人购置新建商品房，自房屋交付使用之次月起，缴纳房产税；纳税人购置存量房，自办理房屋权属转移、变更登记手续，房地产权属登记机关签发房屋权属证书之次月起，缴纳房产税；纳税人出租、出借房产，自交付出租、出借房产之次月起，缴纳房产税；房地产开发企业自用、出租、出借本企业建造的商品房，自房屋使用或交付之次月起，缴纳房产税。

2. 房产税纳税期限

房产税实行按年计算，分期缴纳的征收办法。具体纳税期限由省、自治区、直辖市人民政府规定。

3. 房产税纳税地点和征收机关

房产税在房产所在地缴纳。对房产不在同一地方的纳税人，应按房产的坐落地点分别向房产所在地的税务机关缴纳。

4.3.3 实训流程

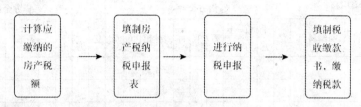

图 4.3 房产税纳税申报与缴纳流程

4.3.4 实训时间

实训授课 1 学时，每学时 50 分钟。教师可以根据专业特点和实训需求适当调整。

4.3.5 实训步骤

1. 对房产税涉税业务进行会计处理
2. 进行房产税的纳税申报
1）填写《房产税纳税申报表》。
2）进行纳税申报。
3. 房产税的缴纳
填制税收缴款书，缴纳税款。

4.3.6 实训体验

1. 实训资料

通海市长城集团是一家国有企业，公司开户银行为建行北郊支行，银行账号为6789367986，纳税识别号为130102568329126。2010 年初拥有的房产账面原值共 5 000 万元，其中 4 000 万元房产用于生产经营，1 000 万元的房产出租，年租金收入 200 万元。6 月份对生产用房自行改建，投入资金 500 万元，月底完工时交付使用。按规定企业房产税按年计算，按季度缴纳，计算房产余值的扣除比例为 20%。

要求：

填制记账凭证，进行账务处理；填写《房产税纳税申报表》；填写《中华人民共和国税收通用缴款书》，缴纳税款。

2. 实训用纸

实训表 4.3.1　记账凭证（64）

记 账 凭 证

字第　　号

年　月　日　　　　　　　　　　　　　　　　　附件　张

摘要	会计科目		借方金额											贷方金额									
	总账科目	明细科目	亿	千万	百万	十万	万	千	百	十	元	角	分	亿	千万	百万	十万	万	千	百	十	元	角	分

会计主管：　　　记账：　　　　审核：　　　　制单：

实训表 4.3.2　记账凭证（55）

记 账 凭 证

字第　　号

年　月　日　　　　　　　　　　　　　　　　　附件　张

摘要	会计科目		借方金额											贷方金额									
	总账科目	明细科目	亿	千万	百万	十万	万	千	百	十	元	角	分	亿	千万	百万	十万	万	千	百	十	元	角	分

会计主管：　　　记账：　　　　审核：　　　　制单：

实训表 4.3.3　房产税纳税申报表

填表日期：　　　　年　　月　　日

纳税人识别号：

金额单位:元(列至角分)

纳税人名称															

房产坐落地点		税款所属时期													

	建筑面积	以房产余值计征房产税			以租金收入计征房产税				房屋结构			本期			
上期申报房产原值(评估值)	本期实际房产原值 其中	房产余值	适用税率(%)	应纳税额	租金收入	适用税率(%)	应纳税额	全年应纳税额	缴纳次数	应纳税额	已纳税额	应补(退)税额			
	本期增减	扣除率%													
	从价计税的从租计税房产原值 房产原值 税法规定的免税房产原值														
1	2	3=1+2	4=3-5-6 5=3-4-6 6	7	8=4-4×7 9	10=8×9	11	12	13=11 ×12	14=10 +13	15	16=14 ÷15	17	18=16 -17	

合计															

如纳税人填报,由纳税人填写以下各栏　　　　　　　　　如委托代理人填报,由代理人填写以下各栏

纳税人 (签章)		代理人名称			代理人 (签章)	
会计主管 (签章)		代理人地址				
		经办人		电话		

以下由税务机关填写

接收人	
收到申报表日期	

备注

127

实训表 4.3.4　税收缴款书（9）

中华人民共和国

税收通用缴款书

隶属关系：

注册类型：　　　　　　　　填发日期：　　年　月　日　　征收机关：

缴款单位（人）	代码		预算科目	编码	
	全称			名称	
	开户银行			级次	
	账号		收缴国库		

| 税款所属时期　年　月　日至　月　日 | | | | | 税款限缴日期：　年　月　日 | |

品目名称	课税数量	计税金额或销售收入	税率或单位税额	已缴或扣除额	实际金额	
					亿 千 百 十 万 千 百 十 元 角 分	
金额合计	（大写）					

| 缴款单位（人）（盖章）经办人（章） | 税务机关（盖章）填票人（章） | 上列款项已收妥并划转收款单位账户　国库（银行）盖章　　年　月　日 | 备注： |

4.4　契税纳税申报与缴纳实训

4.4.1　实训目的

通过本节的实训，使学生了解契税的征税范围和计税依据；掌握契税应纳税额计算；熟练掌握契税纳税的业务流程及纳税申报表的填制。

4.4.2　实训知识准备

契税是以在中华人民共和国境内转移土地、房屋权属为征税对象，向产权承受人征收的一种财产税。

（一）契税纳税人

我国境内转移土地、房屋权属，承受的单位和个人是契税的纳税义务人。单位包括企业单位、事业单位、国家机关、军事单位、社会团体及其他组织。个人是指个体经营者和其他个人，包括中国公民和外籍人员。

（二）契税的征收范围

契税的征收范围包括：国有土地使用权出让、土地使用权转让、房屋买卖、房屋赠与、房屋交换、承受国有土地使用权支付的土地出让金。

（三）契税的计税依据

契税的计税依据为不动产的价格。由于土地、房屋权属转移方式不同，定价方法也不同，因而具体计税依据视不同情况而决定。

1）国有土地使用权出让、土地使用权出售、房屋买卖，为成交价格。

2）土地使用权赠与、房屋赠与，由征收机关参照土地使用权出售、房屋买卖的市场价格核定。

3）土地使用权交换、房屋交换，为所交换的土地使用权、房屋的价格的差额。也就是说，交换价格相等时，免征契税；交换价格不等时，由多交付的货币、实物、无形资产或者其他经济利益的一方缴纳契税。

4）以划拨方式取得土地使用权，经批准转让房地产时，由房地产转让者补交契税，计税依据为补交的土地使用权出让费用或者土地收益。

5）房屋附属设施征收契税依据的规定：采取分期付款方式购买房屋附属设施土地使用权、房屋所有权的，按照合同规定的总价款计算征收契税；承受的房屋附属设施权属如果是单独计价的，按照当地适用的税率征收，如果与房屋统一计价的，适用与房屋相同的税率。

6）对于个人无偿赠与不动产行为（法定继承人除外），应对受赠人全额征收契税。

（四）契税的税率

契税实行3%～5%的幅度比例税率。各省、自治区、直辖市的具体适用税率，由当地省级人民政府根据本地区的实际情况，在上述规定的幅度以内确定。

（五）契税的纳税义务发生时间

契税的纳税义务发生时间，为纳税人签订土地、房屋权属转移合同的当天，或者纳税人取得其他具有土地、房屋权属转移合同性质凭证的当天。

（六）纳税地点及纳税期限

1. 契税的税地点

契税征收机关为土地、房屋所在地的财政机关或地方税务机关，具体征收机关由各省、自治区、直辖市人民政府确定。

2. 契税纳税期限

按照规定，纳税人应当自纳税义务发生之日起 10 日内，向土地、房屋所在地的契税征收机关办理纳税申报，并在契税征收机关规定的期限内缴纳税款。

企业按规定缴纳契税后，主管征收机关应向企业开具契税完税凭证。企业应当持契税完税凭证和其他有关文件、资料，依法向土地管理部门、房产管理部门办理有关土地、房屋的权属变更登记手续；企业未出具契税完税凭证的，土地管理部门、房产管理部门将不予办理权属变更手续。

4.4.3　实训流程

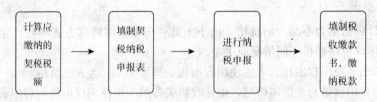

图 4.4　契税纳税申报与缴纳流程

4.4.4　实训时间

实训授课 1 学时，每学时 50 分钟。教师可以根据专业特点和实训需求适当调整。

4.4.5　实训步骤

1. 对契税涉税业务进行会计处理
2. 进行契税的纳税申报
1）填写《契税纳税申报表》。
2）进行纳税申报。
3. 契税的缴纳
填制税收缴款书，缴纳税款。

4.4.6　实训体验

1. 实训资料

通海市海昌有限责任公司于 2010 年 10 月 20 日购置了一套面积为 600 平方米的营业用房，成交价格 1 800 万元。公司于 10 月 28 日申报缴纳契税（税率 5%）。公司开户银行为工行金华支行，银行账号为 359842697，纳税识别号为 122024176589392。

要求：

填制记账凭证，进行账务处理；填写《契税纳税申报表》；填写《中华人民共和国税收通用缴款书》，缴纳税款。

2. 实训用纸

实训表4.4.1 记账凭证（56）

记 账 凭 证

字第　号

年　月　日　　　　　　　附件　张

摘要	会计科目		借方金额										贷方金额									
	总账科目	明细科目	亿	千万	百万	十万	万	千	百	十	元	角	分	亿	千万	百万	十万	万	千	百	十	元	角	分

会计主管：　　　记账：　　　审核：　　　制单：

实训表4.4.2 记账凭证（57）

记 账 凭 证

字第　号

年　月　日　　　　　　　附件　张

摘要	会计科目		借方金额										贷方金额									
	总账科目	明细科目	亿	千万	百万	十万	万	千	百	十	元	角	分	亿	千万	百万	十万	万	千	百	十	元	角	分

会计主管：　　　记账：　　　审核：　　　制单：

实训表 4.4.3 契税纳税申报表

填表时间： 年 月 日

纳税人识别号：   单位：元、平方米

纳税人（承受方）	名称		识别号	
	地址		联系电话	
	开户银行		银行账号	
转让方	名称		识别号	
	地址		联系电话	
土地房屋权属转移	合同签订时间			
	土地、房屋地址			
	权属转移类别			
	权属转移面积			平方米
	成交价格			元
计税价格				元
适用税率				
计征税额				元
减免税额				元
应纳税额				元
纳税人签章		法人代表签章		经办人员签章

（以下部分由征收机关负责填写）

收到日期		经办人员		审核日期	
审核记录					
审核人			征收机关签章		

实训表 4.4.4 税收缴款书（10）

中华人民共和国

税收通用缴款书

隶属关系：

注册类型：   填发日期：   年   月   日   征收机关：

缴款单位（人）	代码		预算科目	编码	
	全称			名称	
	开户银行			级次	
	账号		收缴国库		
税款所属时期： 年 月 日至 月 日				税款限缴日期： 年 月 日	

续表

品目名称	课税数量	计税金额或销售收入	税率或单位税额	已缴或扣除额	实际金额									
					亿	千	百	十	万	千	百	十	元	角	分
金额合计	（大写）													
缴款单位（人）（盖章）经办人（章）	税务机关（盖章）填票人（章）	上列款项已收妥并划转收款单位账户 国库（银行）盖章　　年　月　日			备注：									

4.5 城镇土地使用税纳税申报与缴纳实训

4.5.1 实训目的

通过本节的实训，使学生了解城镇土地使用税的纳税义务人和征税范围；掌握城镇土地使用税应纳税额的计算；熟练掌握城镇土地使用税的纳税申报业务流程及纳税申报表的填制。

4.5.2 实训知识准备

城镇土地使用税是以城镇土地为征税对象，对拥有土地使用权的单位和个人征收的一种税。

（一）城镇土地使用税纳税义务人

城镇土地使用税的纳税义务人是拥有土地使用权的单位和个人。拥有土地使用权的纳税人不在土地所在地的，由代管人或实际使用人缴纳；土地使用权未确定或权属纠纷未解决的，由实际使用人纳税；土地使用权共有的，由共有各方划分使用比例分别纳税。

（二）征税范围

城镇土地使用税的征税范围，包括在城市、县城、建制镇和工矿区内的国家所有和集体所有的土地。

（三）应纳税额的计算

城镇土地使用税的计税依据是纳税人实际占用的土地面积。土地面积计量标准为每平方米。纳税人实际占用的土地面积，一般是由省、自治区、直辖市人民政府确定的单位组织测定的土地面积。

城镇土地使用税采用分类分级的幅度定额税率。每平方米的年幅度税额按城市大小分 4 个档次，见表 4.3。

表 4.3　城镇土地使用税税率

级别	人口（人）	每平方米税额（元）
大城市	50 万以上	1.5 ~ 30
中等城市	20 万 ~ 50 万	1.2 ~ 24
小城市	20 万以下	0.9 ~ 18
县城、建制镇、工矿区		0.6 ~ 12

城镇土地使用税应纳税额的计算公式为

年应纳税额 ＝ 实际占用应税土地面积（平方米）× 适用税额

（四）纳税地点和纳税期限

1. 纳税地点

城镇土地使用税在土地所在地缴纳。纳税人使用的土地不属于同一省、自治区、直辖市的，应由纳税人分别向土地所在地的税务机关缴纳；在同一省、自治区、直辖市管辖范围内，纳税人跨地区使用的土地，其纳税地点由省、自治区、直辖市税务机关确定。

2. 纳税期限

土地使用税按年计算，分期缴纳。各省、自治区、直辖市可结合当地情况，分别确定按月、季或半年等不同的期限缴纳。

4.5.3　实训流程

图 4.5　城镇土地使用税纳税申报与缴纳流程

4.5.4　实训时间

实训授课 1 学时，每学时 50 分钟。教师可以根据专业特点和实训需求适当调整。

4.5.5　实训步骤

1. 对城镇土地使用税涉税业务进行会计处理

1）填制记账凭证。

2）计算应缴城镇土地使用税税额。

2. 进行城镇土地使用税的纳税申报

1）填写《城镇土地使用税纳税申报表》。

2）进行纳税申报。

3. 城镇土地使用税的缴纳

填制税收缴款书，缴纳税款。

4.5.6 实训体验

1. 实训资料

通海市泰达通信股份有限公司，坐落于通海市星火路，该公司 2010 年实际占地面积为 12 000 平方米，该土地为应税土地，城镇土地使用税的单位税额为 20 元/平方米。经主管税务部门核定该企业按年计算，按季度分期缴纳城镇土地使用税，于每季度初预缴本季度的城镇土地使用税。公司开户银行为工行南郊支行，银行账号：6789654321，纳税识别号：120106578906823。

要求：

填制记账凭证，进行账务处理；填写《城镇土地使用税纳税申报表》；填写《中华人民共和国税收通用缴款书》，缴纳税款。

2. 实训用纸

实训表 4.5.1 记账凭证（58）

记 账 凭 证

字第　号

年　月　日　　　　　　　　　　　附件　张

摘要	会计科目		借方金额										贷方金额									
	总账科目	明细科目	亿	千万	百万	十万	万	千	百	十	元	角	分	亿	千万	百万	十万	万	千	百	十	元	角	分

会计主管：　　　　记账：　　　　审核：　　　　制单：

实训表 4.5.2　记账凭证（59）

记 账 凭 证

字第　号

　　　年　月　日

附件　张

摘要	会计科目		借方金额											贷方金额									
	总账科目	明细科目	亿	千万	百万	十万	万	千	百	十	元	角	分	亿	千万	百万	十万	万	千	百	十	元	角	分

会计主管：　　　　记账：　　　　审核：　　　　制单：

实训表 4.5.3　城镇土地使用税纳税申报表

填表日期：　　年　月　日

纳税人识别号：

金额单位：元（列至角分）

纳税人名称				税款所属日期					
房产坐落地点									

土地所处地点	上期占地面积	本期增减	本期实际占地面积	法定免税面积	应税面积	土地等级	适用税额	全年应缴税额	年缴纳次数	本期		
										应纳税额	已纳税额	应补（退）税额
1	2	3	4 = 2 + 3	5	6 = 4 - 5	7	8	9 = 7 × 8	10	11 = 9 ÷ 10	12	13 = 11 - 12
合计												

如纳税人填报，由纳税人填写以下各栏		如委托代理人填报，由代理人填写以下各栏				
会计主管 （签章）	纳税人 （公章）	代理人名称		电话		代理人 （公章）
		代理人地址				
		经办人姓名				
以下由税务机关填写						
收到申报表日期			接收人			

实训表 4.5.4 税收缴款书（11）

中华人民共和国
税收通用缴款书

隶属关系：

注册类型： 填发日期： 年 月 日 征收机关：

缴款单位（人）	代码		预算科目	编码	
	全称			名称	
	开户银行			级次	
	账号		收缴国库		

税款所属时期： 年 月 日至 月 日				税款限缴日期： 年 月 日		

品目名称	课税数量	计税金额或销售收入	税率或单位税额	已缴或扣除额	实际金额
					亿 千 百 十 万 千 百 十 元 角 分
金额合计	（大写）				

缴款单位（人） （盖章） 经办人（章）	税务机关 （盖章） 填票人（章）	上列款项已收妥并划转收款单位账户 国库（银行）盖章 年 月 日	备注：

4.6 土地增值税纳税申报与缴纳实训

4.6.1 实训目的

通过本节的实训，使学生了解土地增值税的征税范围、计税依据和税率；掌握土地增值税应纳税额计算；熟练掌握土地增值税纳税申报的业务流程及纳税申报表的填制。

4.6.2 实训知识准备

土地增值税是对转让国有土地使用权、地上建筑物及其附着物并取得收入的单位和个人，就其转让房地产所取得的增值额征收的一种税。

（一）土地增值税的纳税义务人

土地增值税的纳税义务人就是转让国有土地使用权及地上建筑物和其附着物，并取得收入的单位和个人。

（二）征税范围

凡转让国有土地使用权、地上建筑物及附着物并取得收入的行为属于土地增值税的征税范围。地上建筑物，是指建于土地上的一切建筑物，包括地上地下的各种附属设施。其附着物，是指附着于土地上的不能移动，一经移动即遭损坏的物品。

（三）税率

土地增值税实行四级超额累进税率，见表4.4。

表4.4 土地增值税四级超额累进税率

级数	增值额与扣除额金额比率	税率	速算扣除系数
1	X≤50%	30%	0
2	50%＜X≤100%	40%	5%
3	100%＜X≤200%	50%	15%
4	200%＜X	60%	35%

（四）计税依据

土地增值税的计税依据为土地增值额。土地增值额指转让房地产取得的收入减除规定扣除项目后的余额。即

增值额 = 转让房地产的收入 - （取得土地使用权所支付的金额 + 房地产开发成本 + 房地产开发费用 + 与转让房地产有关的税金）

（五）土地增值税应纳税额的计算

在计算土地增值税的应纳税额时，应当先用纳税人取得的房地产转让收入减除有关各项扣除项目金额，计算得出增值额，再以增值额与扣除项目金额相比，计算出土地增值率，然后根据土地增值率的高低确定适用税率，分别计算各部分增值额的应纳土地增值税税额。各部分增值额应纳土地增值税税额之和，即为纳税人应纳的全部土地增值税税额。

应纳税额计算公式为

应纳税额 = ∑（增值额 × 适用税率）

为计算方便，通常利用速算扣除系数或速算扣除数简化应纳税额的计算方法：

纳税额 = 增值额 × 适用税率 - 速算扣除数（或扣除项目金额 × 速算扣除系数）

（六）纳税地点

土地增值税的纳税人应向房地产所在地的税务机关办理纳税申报，并在税务机关核定的期限内缴纳土地增值税。房地产所在地是指房地产的坐落地。纳税人转让房地产坐落在两个或两个以上地区的，应按房地产所在地分别纳税。

4.6.3　实训流程

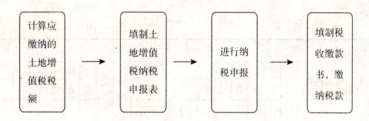

图 4.6　土地增值税纳税申报与缴纳流程

4.6.4　实训时间

实训授课 1 学时，每学时 50 分钟。教师可以根据专业特点和实训需求适当调整。

4.6.5　实训步骤

1. 对土地增值税涉税业务进行会计处理
1）填制记账凭证。
2）计算应缴土地增值税税额。
2. 进行土地增值税的纳税申报
1）填写《土地增值税纳税申报表》。

2）进行纳税申报。

3. 土地增值税的缴纳

填制税收缴款书，缴纳税款。

4.6.6 实训体验

1. 实训资料

通海市鸿达公司是一家房地产开发有限责任公司，公司开户银行为招行南郊支行，银行账号：208039241352，公司纳税人识别号：130105678432981。鸿达公司于 2010 年 10 月在通海市开发一楼盘，取得转让收入 10 000 万元。公司为取得土地使用权支付 1 000 万元价款，房地产开发成本为 1 910 万元。由于进行楼盘的开发，向银行借款 2 000 万元，期限一年，利率 5%，向非银行金融机构借款 1 000 万元，支付利息 56 万元，均能按转让房地产项目分摊利息。公司已预缴土地增值税 1 100 万元。

要求：

填制记账凭证，进行账务处理；填写《土地增值税纳税申报表》；填写《中华人民共和国税收通用缴款书》，缴纳税款。

2. 实训用纸

实训表 4.6.1 记账凭证（60）

记 账 凭 证

字第 号

年 月 日

附件 张

摘要	会计科目		借方金额										贷方金额									
	总账科目	明细科目	亿	千万	百万	十万	万	千	百	十	元	角	分	亿	千万	百万	十万	万	千	百	十	元	角	分

会计主管： 记账： 审核： 制单：

实训表4.6.2 记账凭证（61）

记账凭证

字第 号

年 月 日

附件 张

摘要	会计科目		借方金额											贷方金额									
	总账科目	明细科目	亿	千万	百万	十万	万	千	百	十	元	角	分	亿	千万	百万	十万	万	千	百	十	元	角	分

会计主管： 记账： 审核： 制单：

实训表4.6.3 记账凭证（62）

记账凭证

字第 号

年 月 日

附件 张

摘要	会计科目		借方金额											贷方金额									
	总账科目	明细科目	亿	千万	百万	十万	万	千	百	十	元	角	分	亿	千万	百万	十万	万	千	百	十	元	角	分

会计主管： 记账： 审核： 制单：

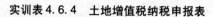

实训表4.6.4 土地增值税纳税申报表

（从事房地产开发的纳税人适用）

税款所属时间： 年 月 日 填表日期： 年 月 日

纳税人编码： 金额单位：人民币元 面积单位：平方米

纳税人名称		项目名称			项目地址		
业别		经济性质		纳税人地址		邮政编码	
开户银行		银行账号		主管部门		电话	

项目	行次	金额
一、转让房地产收入总额 1 = 2 + 3	1	
其中 货币收入	2	
实物收入及其他收入	3	
二、扣除项目金额合计 4 = 5 + 6 + 13 + 16 + 20	4	
1. 取得土地使用权所支付的金额	5	
2. 房地产开发成本 6 = 7 + 8 + 9 + 10 + 11 + 12	6	
其中 土地征用及拆迁补偿费	7	
前期工程费	8	
建筑安装工程费	9	
基础设施费	10	
公共配套设施费	11	
开发间接费用	12	
3. 房地产开发费用 13 = 14 + 15	13	
其中 利息支出	14	
其他房地产开发费用	15	
4. 与转让房地产有关的税金等 16 = 17 + 18 + 19	16	
其中 营业税	17	
城市维护建设税	18	
教育费附加	19	
5. 财政部规定的其他扣除项目	20	
三、增值额 21 = 1 - 4	21	
四、增值额与扣除项目金额之比（%）22 = 21 ÷ 4	22	
五、适用税率（%）	23	
六、速算扣除系数（%）	24	
七、应缴土地增值税税额 25 = 21 × 23 - 4 × 24	25	

续表

八、已缴土地增值税税额		26	
九、应补（退）土地增值税税额　27＝25－26		27	

授权代理人	（如果你已委托代理申报人，请填写下列资料） 　　为代理一切税务事宜，现授权 ＿＿＿＿＿（地址）＿＿＿＿＿为本纳税人的代理申报人，任何与本报表有关的来往文件都可寄与此人 　　　　　授权人签字：＿＿＿＿＿	声明	我声明：此纳税申报表是根据《中华人民共和国土地增值税暂行条例》及其《实施细则》的规定填报的。我确信它是真实的、可靠的、完整的。 　　　　声明人签字：＿＿＿＿＿
纳税人签章	法人代表签章	经办人员（代理申报人）签章	备注

（以下部分由主管税务机关负责填写）

主管税务机关收到日期		接收人		审核日期		税务审核人员签章	
审核记录						主管税务机关盖章	

实训表 4.6.5　税收缴款书（12）
中华人民共和国税收通用缴款书

隶属关系：

注册类型：　　　　　　填发日期：　　年　月　日　　　征收机关：

缴款单位（人）	代码		预算科目	编码	
	全称			名称	
	开户银行			级次	
	账号		收缴国库		

税款所属时期　　年　月　日至　月　日					税款限缴日期：　年　月　日										

品目名称	课税数量	计税金额或销售收入	税率或单位税额	已缴或扣除额	实际金额										
					亿	千	百	十	万	千	百	十	元	角	分
金额合计	（大写）														

缴款单位（人）（盖章）经办人（章）	税务机关（盖章）填票人（章）	上列款项已收妥并划转收款单位账户 国库（银行）盖章　　年　月　日	备注：

模块三

纳税筹划实训

　　随着我国市场经济体制的不断发展与完善，纳税筹划越来越成为企业经营中不可缺少的重要组成部分。企业通过对企业组织结构、筹资活动、投资活动、生产经营及会计核算等方面进行安排，制作一整套完整的纳税操作方案，从而达到合法减轻企业纳税负担的目的。

　　通过本模块的实训，使学生对企业纳税筹划有一个直观的认识，掌握从企业基本情况、需求以及相关税收政策分析，到企业纳税评估与剖析，最后到纳税筹划方案设计与拟订以及筹划方案实施跟踪等企业纳税筹划工作的整个步骤。同时，本模块结合计算机技术，突出信息化特点，对税务筹划方案进行计算比较，配合纳税筹划实训教学软件系统使用，提升学生运用信息化手段解决实际问题的能力。

第5章 企业设立的纳税筹划实训

5.1 企业下属机构设立的筹划

5.1.1 实训目的

通过本节的实训，使学生了解企业组织形式及种类；掌握子公司和分公司的税收政策；能够完成下属机构设立的筹划方案设计；选择出最佳方案。

5.1.2 实训知识准备

（一）企业类型

企业泛指一切从事生产、流通或者服务活动，以谋取经济利益的经济组织。按照财产组织方式的不同，企业在法律上可以分为三种类型：一是独资企业，即由单个主体出资兴办、经营、管理、收益和承担风险的企业；二是合伙企业，即由两个或者两个以上的出资人共同出资兴办、经营、管理、收益和承担风险的企业；三是公司企业，即依照《公司法》设立的企业。

（二）子公司与分公司

公司制企业内部的组织形式可以分为总公司和分公司，母公司和子公司。我国《公司法》规定："公司可以设立子公司和分公司。子公司具有企业法人资格，依法独立承担民事责任。分公司不是独立的公司，它不具有公司的组织形式。"在法律上、经济上，子公司是一个独立的公司企业，有自己的公司名称、章程和法人财产，能够依法独立进行业务活动，并实行独立核算、自负盈亏，独立承担民事责任。子公司要服从母公司的整体利益和战略计划，其重大投资、利润分配、人事安排等重要经营决策仍然是由母公司作出。分公司没有自己的股东会、董事会、监事会，也没有自己的法定代表人，只有公司任命的负责人。分公司虽不具有法人资格，但具有经营资格，需登记，领取营业执照。分公司可以自己的名义独立签订合同、参加诉讼，但分公司无独立责任能力，其财产不足以清偿债务时，应由总公司来清偿。

分公司与子公司之间的不同在于：一是设立手续不同，在外地创办独立核算子公司，需要办理许多手续，设立程序复杂，开办费用也较大，而设立分公司的程序比较简单，费用开支比较少。二是核算和纳税形式不同，子公司是独立核算并独立申报纳税，而分公司不是独立法人，由总公司进行核算盈亏和统一纳税。如有盈亏，分公司和总公司可以相互抵扣后才缴纳所得税。三是税收优惠不同，子公司承担全面纳税义务，分公司只承担有限纳税义务。子公司是独立法人，可以享受免税期限、优惠政策等在内的各种优惠政策；而分公司作为非独立法人，则不能享受这些优惠政策。

不同的企业组织形式有不同的税收水平，投资者在组建企业时必须考虑不同组织形式给企业带来的影响。

5.1.3 实训流程及步骤

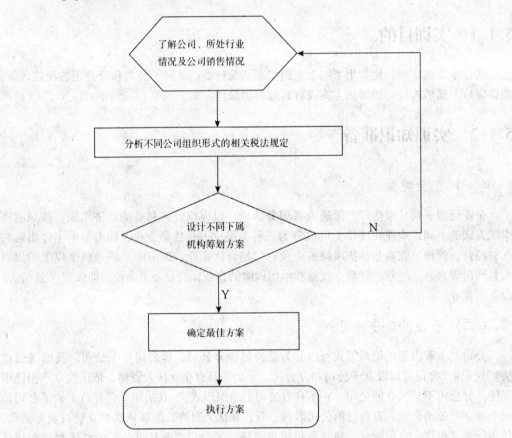

图 5.1 企业下属机构设立的纳税筹划流程及步骤

5.1.4 实训时间

实训授课 1 学时，每学时 50 分钟。教师可以根据专业特点和实训需求适当调整。

5.1.5 实训体验

★教师引导题例

海昌公司准备在2011年投资设立回收期长的下属公司，经预测海昌公司2011年实现利润2 000万元，下属公司2011年预计亏损1 200万元。海昌公司所得税率为25%。下属公司以什么样的组织形式设立？

运用EXCEL设计筹划方案，计算并选择最佳方案（见图5.2）。

在单元格A5，A7和单元格B5中分别输入计算公式，在单元格B9中输入差额公式，得出不同方案中的税负水平。

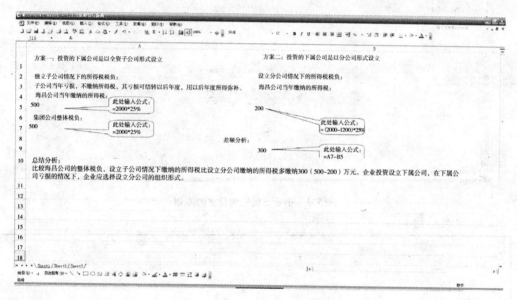

图5.2　企业下属机构设立的纳税筹划

总结分析：

比较海昌公司的整体税负，设立子公司情况下缴纳的所得税比设立分公司缴纳的所得税多300（500－200）万元。企业投资设立下属公司，当下属公司微利的情况下，企业应考虑选择设立子公司的组织形式；企业投资设立下属公司，当下属公司亏损的情况下，企业应选择设立分公司的组织形式。

1. 实训资料

天一股份有限公司是一家以生产女装和童装为主的服装生产企业。由于公司注重产品质量和市场开拓，产品不仅在国内销售情况良好，而且生产的童装还销往欧洲、美洲的20多个国家和地区，市场前景较好。由于该公司现有生产线已经满足不了国内外订单的需求，公司管理层计划在浙江设立一家下属公司生产童装。公司目前在资金面和管理上都已经作好准备，并对本公司及下属公司未来几年的税前利润进行预测。天一公司2011～2015年预计实现税前利润分别在800万元、850万元、900万元、980万元、1000万元左右。下属公司 2011～2015 年预计实现税前利润分别为 – 300 万元、– 100 万元、30 万元、200 万元、500 万元左右。天一公司所得税税率为 25%。

2. 方案设计

运用 EXCEL 设计筹划方案，计算并选择最佳方案（见图 5.3）。

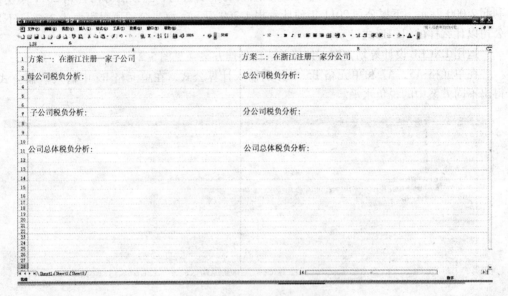

图 5.3　企业下属机构设立的筹划

3. 方案总结

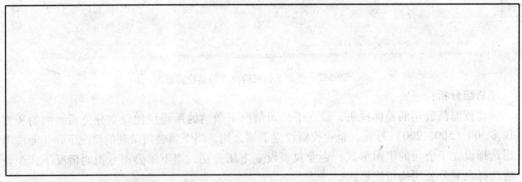

4. 执行方案注意事项

1）考虑行业特点和经营业务的重要性。

2）考虑下属公司与集团公司核心业务的关联度。

3）考虑经营业务的风险性。

4）考虑实施管理的难易程度。

5.2 一般纳税人和小规模纳税人选择的筹划

5.2.1 实训目的

通过本节的实训，使学生了解增值税纳税义务人的法律规定；掌握一般纳税人和小规模纳税人的税收政策；能够完成增值税纳税人选择的筹划方案设计；选择出最佳方案。

5.2.2 实训知识准备

（一）增值税纳税人

凡在我国境内销售货物或者提供加工、修理修配劳务以及进口货物的单位和个人，为增值税的纳税人。单位，是指所有的单位。个人，是指个体经营者及其他个人。具体包括：国有企业、集体企业、私营企业、股份制企业、外商投资企业和外国企业、其他企业和行政单位、事业单位、军事单位、社会团体及其他单位以及个体工商业户和其他个人等。

增值税纳税人分为一般纳税人和小规模纳税人。

1. 一般纳税人

一般纳税人是指达到一定的生产经营规模（即超过小规模纳税人标准），并且会计核算健全，能按照税法的规定，分别核算销项税额、进项税额和应纳税额的纳税人。

一般纳税人适用17%的基本税率和13%的低税率。

一般纳税人应纳增值税的计算公式为

$$应纳税额 = 当期销项税额 - 当期进项税额$$

2. 小规模纳税人

小规模纳税人是指年应征增值税销售额在规定标准以下，会计核算不健全，不能准确核算增值税的销项税额、进项税额和应纳税额，不能按规定报送有关税务资料的增值税纳税人。我国对小规模纳税人实行简易计税的办法，不采取税款抵扣的办法。即按照销售额和规定的征收率计算增值税，不得抵扣进项税额。增值税计算公式为

$$增值税 = 不含税销售额 \times 征收率$$
$$= 含税销售额 \div （1 + 征收率） \times 征收率$$

小规模纳税人适用的征收率为3%。小规模纳税人不得领购使用增值税专用发票。小规模纳税人销售货物或者应税劳务，需要开具发票的，应当开具普通发票。需要开具专用发票的，可以向税务机关申请由税务机关代开的小规模纳税人专用发票。

（二）无差别平衡点增值率（或抵扣率）判断法

从纳税人计税基础看，一般纳税人是以增值额作为计税基础，小规模纳税人是以全部

149

收入（不含税）作为计税基础。

　　在销售价格相同的情况下，税负的高低取决于增值率的大小。在增值率达到某一点时，两种纳税人的税负相等。相等时的增值率称为无差别平衡点增值率。从另一个角度来看，一般纳税人税负的高低取决于可抵扣的进项税额的多少。通常情况下，若可抵扣的进项税额较多，则适宜作为一般纳税人，反之则适宜作为小规模纳税人。当抵扣额占销售额的比重（抵扣率）达到某一数值时，两种纳税人的税负相等，称之为无差别平衡点抵扣率，如表5.1~5.2所示。

表5.1　不含税销售额及购进额无差别平衡点增值率

一般纳税人税率%	小规模纳税人税率%	无差别平衡点增值率%
17	3	17.65
13	3	23.08

表5.2　含税销售额及购进额无差别平衡点增值率

一般纳税人税率%	小规模纳税人税率%	无差别平衡点增值率%
17	3	20.03
13	3	25.30

表5.3　不含税销售额及购进额无差别平衡点抵扣率

一般纳税人税率%	小规模纳税人税率%	无差别平衡点抵扣率%
17	3	82.35
13	3	76.92

表5.4　含税销售额及购进额无差别平衡点抵扣率

一般纳税人税率%	小规模纳税人税率%	无差别平衡点抵扣率%
17	3	79.97
13	3	74.70

　　在税率和征收率一定的情况下，增值率越大，抵扣率越小，小规模纳税人税负越轻；反之，一般纳税人税负越轻。

5.2.3　实训流程及步骤

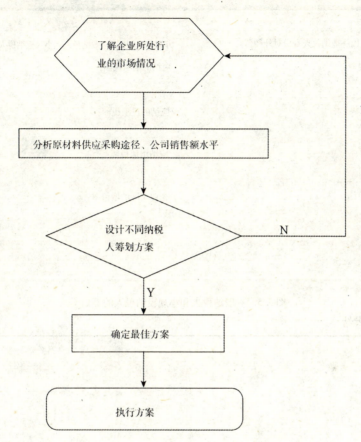

图5.4　一般纳税人与小规模纳税人选择的纳税筹划流程及步骤

5.2.4　实训时间

实训授课 1 学时，每学时 50 分钟。教师可以根据专业特点和实训需求适当调整。

5.2.5　实训体验

1. 实训资料

爱华配件厂是一家专门为机械制造企业生产零部件的企业，企业为增值税一般纳税人，适用 17% 增值税税率。企业每年含税销售额为 240 万元，由于外购原材料的供应商多属于小规模纳税人，因此，可取的增值税专用发票的原材料购进金额大约只占销售额的 25% 左右。根据企业销售部门估计，企业的客户中，约有 2/3 的机械制造企业为一般纳税人，需要取得增值税专用发票；另有 1/3 的机械制造企业为小规模纳税人，只需要取得普通发票。

151

2. 方案设计

运用 EXCEL 设计筹划方案，计算并选择最佳方案（见图 5.5）。

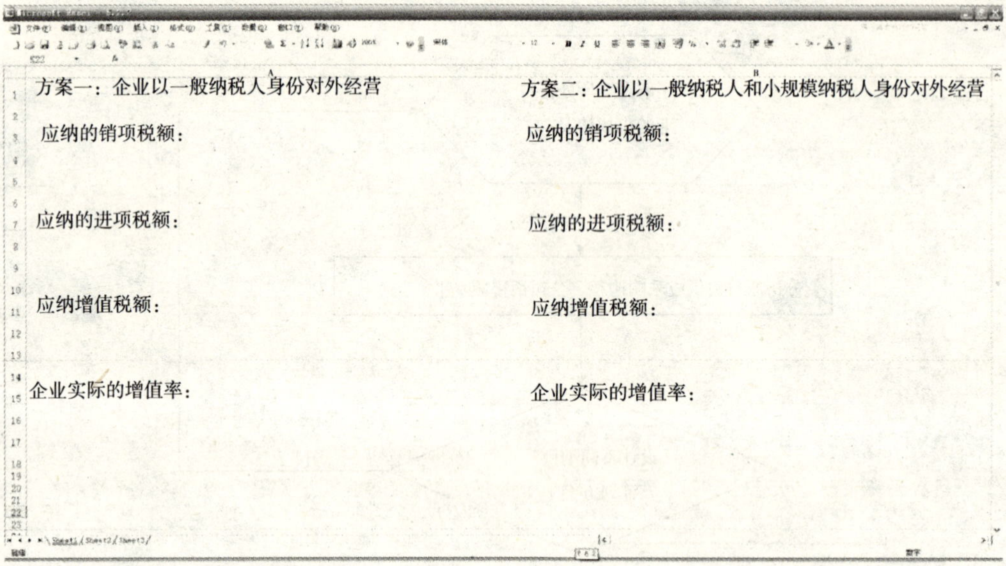

图 5.5　一般纳税人和小规模纳税人的筹划

3. 方案总结

4. 执行方案注意事项

1）考虑原材料供应商增值税纳税人身份。

2）考虑企业的经营规模。

3）考虑下游客户增值税纳税人身份。

4）考虑变更增值税纳税人的成本收益。

第6章 企业购销的纳税筹划实训

6.1 促销方式选择的筹划

6.1.1 实训目的

通过本节的实训，使学生了解企业促销方式；掌握不同促销方式的税收政策；能够完成促销方式选择的筹划方案设计；选择出最佳方案。

6.1.2 实训知识准备

（一）销售方式的税收规定

增值税以纳税人的销售额为计税依据。销售额是指纳税人销售货物或者应税劳务向购买方收取的全部价款和价外费用。当企业采用不同的促销方式销售商品时，税收政策不同。

1. 折扣销售

折扣销售是指销售方在销售货物时，因购货方购货批量大或批次多，以及为防止产品积压等，而给予购货方的价格优惠。现行增值税制度规定，纳税人采取折扣销售方式销售货物，如果销售额和折扣额在同一张发票上注明，可按折扣后的销售额征收增值税。如果将折扣额另开发票，不论其在财务上如何处理，计征增值税均不得从销售额中减去折扣额。

2. 现金折扣

现金折扣是指销售方在销售货物或提供劳务后，为鼓励购货方的及早偿还货款而协议许诺给予购货方的一种折扣。由于现金折扣发生于销售货物之后，销售标志已经确定，因此税法规定现金折扣不得从销售额中减去。

3. 折让销售

折让销售是指货物销售后，由于品种、质量等原因，销售方给予购货方的一种价格折让。一般纳税人因销售折让而退还给购买方的增值税额，应从发生折让当期的销项税额中扣减。具体执行时，须要求购买方取得当地主管税务机关开具的索取折让证明单，销售方以此开具红字专用发票，并扣减当期销项税额。

4. 以旧换新销售

采取以旧换新方式销售货物的，应按新货物的同期销售价格确定销售额，不得从销售额中扣减旧货物的收购价格。但对金银首饰以旧换新业务，可以按照销售方实际收取的不含增值税的全部价款征收增值税。

5. 还本销售

采取还本方式销售货物的，纳税人在销售货物后，到一定期限，由销售方一次或分次退还给购货方全部或部分货款。税法规定，采取还本销售方式销售货物，其销售额就是货物的销售价格，不得从销售额中减去还本支出。

6. 以物易物销售

采取以物易物方式销售货物的，双方都按购销行为处理，分别开具增值税专用发票，以发出的货物市场价核算销售额并计算销项税，以收到货物的市场价计算进项税。

企业以买一赠一等方式组合销售本企业商品的，不属于捐赠，应将总的销售金额按各项商品的公允价值的比例来分摊确认各项的销售收入。

（二）视同销售行为的税收规定

单位或个体经营者的下列行为，视同销售货物，征收增值税。

1）将货物交付他人代销。
2）销售代销货物。
3）设有两个以上机构并实行统一核算的纳税人，将货物从一个机构移送其他机构用于销售。
4）将自产或委托加工的货物用于非应税项目。
5）将自产、委托加工或购买的货物作为投资，提供给其他单位或个体经营者。
6）将自产、委托加工或购买的货物分配给股东或投资者。
7）将自产、委托加工的货物用于集体福利或个人消费。
8）将自产、委托加工或购买的货物无偿赠送他人。

根据规定，为其他单位和部门的有关人员发放现金、实物等应按规定代扣代缴个人所得税，税款由支付单位代扣代缴。

6.1.3 实训流程及步骤

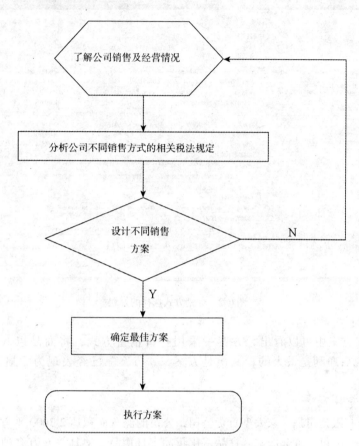

图6.1 促销方式选择的纳税筹划流程及步骤

6.1.4 实训时间

实训授课2学时，每学时50分钟。教师可以根据专业特点和实训需求适当调整。

6.1.5 实训体验

★ **教师引导题例**

佳惠商城是一家大型商场，属增值税一般纳税人。商场的商品购进成本为销售价格的70%，商场购进商品时均能取得增值税专用发票。商场每销售1 000元商品发生的可以在企业所得税前扣除的其他费用60元。企业所得税税率为25%。为促进销售，商场准备在2011年"五一"节采用促销的方式，扩大销售额。问如何选择促销方式？

运用EXCEL设计筹划方案，计算并选择最佳方案（见图6.2）。

155

在单元格 A3，A5，A7 和单元格 B4，B6，B9，B11，B13，B15，B17 和单元格 C3，C5，C7，C9 中分别输入计算公式。得出不同方案中的税负水平。

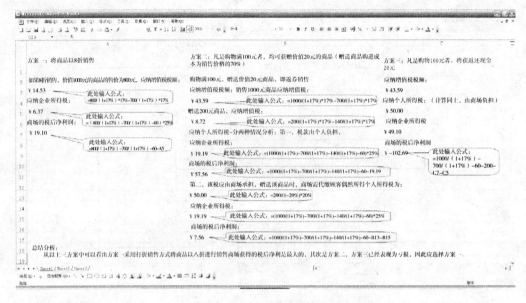

图 6.2　促销方式选择的筹划

总结分析：

从以上三方案中可以看出，方案一采用打折销售方式，将商品以八折进行销售，商场获得的税后净利是最大的，其次是方案二，方案三已经表现为亏损，因此应该选择方案一。

1. 实训资料

东顺股份有限公司是一家大型百货公司，公司的经营面积达 2 3000 平方米。经营品种有家电、服装、鞋包、黄金珠宝、食品、化妆品、日用品、文具等 6 万多种，附设休闲项目有美容、娱乐城及餐厅。公司现有员工 300 名。在激烈的市场竞争压力下，百货公司准备于 2011 年十一"黄金周"来临之际，开展大规模的促销活动以扩大市场销量。公司提出了三种促销方式。第一种促销方式是商品 7 折销售，即价值 100 元的商品以 70 元销售；第二种促销方式是"买一送一"销售，凡购物满 100 元者，均可获赠价值 30 元的商品；第三种促销方式是"买商品返现金"销售，凡购物满 100 元，将获返还现金 30 元。公司是增值税一般纳税人，购货均能取得增值税专用发票，购进成本为销售价格的 60%。公司每销售 100 元（含税价格）商品发生的可以在企业所得税前扣除的其他费用 5 元。公司所得税税率为 25%。

2. 方案设计

运用 EXCEL 设计筹划方案，计算并选择最佳方案（见图 6.3）。

项目	方案一	方案二	方案三
方案内容	7折销售，即价值100元商品以70元销售	"买一送一"销售，凡是购物满100元者，均可获赠价值30元的商品	"买商品返现金"销售，凡是购物满100元，将获返还现金30元
应纳增值税			
应纳城建税及教育费附加			
应纳个人所得税			
应纳企业所得税			
税后净利			

图6.3　促销方式选择的筹划

3. 方案总结

4. 执行方案注意事项

1）考虑不同促销方式下顾客的响应程度。

2）考虑不同商品的定价策略。

3）考虑不同商品的折扣比率。

6.2　代销方式选择的筹划

6.2.1　实训目的

通过本节的实训，使学生了解企业购销中的代销方式；掌握不同代销方式的税收政策；能够完成代销方式选择的筹划方案设计；选择出最佳方案。

6.2.2　实训知识准备

委托代销行为有两种方式：一是收取手续费的方式；二是视同买断的方式。

1. 收取手续费方式

受托方按委托方规定的价格销售代销货物，根据已代销货物的销售额乘以双方约定比例向委托方收取手续费。在这种销售方式下，委托方在受托方将商品销售后，按受托方提供的代销清单确认收入；受托方在商品销售后，按应收取的手续费确认收入。

2. 视同买断方式

委托方和受托方签订协议，委托方按合同价收取所代销的货款，实际的售价由受托方在委托方确定的指导价格范围内自主决定，实际售价与合同价的差额归受托方所有，委托方不再支付代销手续费。在这种情况下，委托方在交付商品时不确认收入，受托方也不作为购入商品处理，只在备查账中登记商品规格数量等。受托方将商品销售后，按实际的售价确认收入，并向委托方开具代销清单，委托方按代销清单确认收入。

《增值税暂行条例实施细则》规定，企业将货物交付他人代销，应视同销售货物，按规定计算缴纳增值税。委托其他纳税人代销货物，收到代销单位销售的代销清单的当日确认收入。

6.2.3 实训流程及步骤

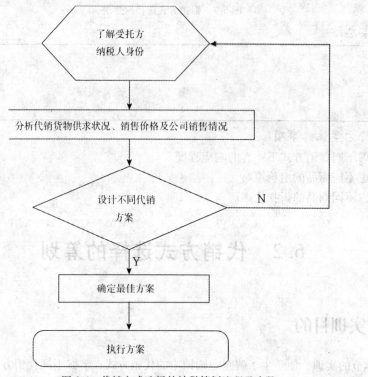

图6.4 代销方式选择的纳税筹划流程及步骤

6.2.4 实训时间

实训授课1学时，每学时50分钟。教师可以根据专业特点和实训需求适当调整。

6.2.5 实训体验

1. 实训资料

伊莲制衣有限公司是生产针织服装的企业，目前拥有一流的技术力量、各种先进的专业制衣设备，年产量达 30 万件以上。产品除在中国内地及港、澳、台销售外，还出口欧、美、日本等国家和地区。公司现有员工 900 余人，厂房面积达 12 000 平方米。公司属于增值税一般纳税人企业。

百联商贸集团是一家综合性的股份制商业企业集团，经营范围涉及商业零售、物流配送、餐饮、娱乐等领域。由于经营规模不断扩大，与许多生产企业建立了长期商业合作伙伴关系。目前准备与伊莲制衣有限公司合作，百联商贸集团代销其品牌西服。

伊莲制衣有限公司 A 品牌西服每套不含税售价为 2 000 元，每套成本为 1 500 元，百联集团每年代销该品牌西服 10 000 套。伊莲制衣有限公司生产的 10 000 套西服，可抵扣的增值税进项税额共计 100 万元。百联集团相应企业所得税税前除流转税外的扣除项目为 100 万元。双方的企业所得税税率均为 25%。

2. 方案设计

运用 EXCEL 设计筹划方案，计算并选择最佳方案（见图 6.5）。

项目	方案一	方案二	方案三
方案内容	百联集团按进价销售，且另外开票收取代理手续费。每销售一套西服，百联集团支付给伊莲制衣有限公司手续费200元	百联集团按每件1800元的价格视同买断式进行代销，售价不含税为2000元/套	百联集团按每件1900元的价格视同买断式进行代销，售价不含税为2000元/套，另外收取伊莲制衣有限公司每件100元的手续费
应纳增值税			
应纳城建税及教育费附加			
应纳个人所得税			
应纳企业所得税			
税后净利			

图 6.5　代销方式选择的筹划

3. 方案总结

4. 执行方案注意事项

1）考虑双方增值税纳税人身份。

2）考虑代销货物适用的增值税税率。

3) 考虑代销货物的市场供求状况。

4) 考虑代销货物的结算价格和市场售价。

6.3　企业购销中运输方式选择的筹划

6.3.1　实训目的

通过本节的实训，使学生了解企业购销中的运输方式；掌握不同运输方式的运费收支状况及对企业纳税产生的影响；能够完成运输方式选择的筹划方案设计；选择出最佳方案。

6.3.2　实训知识准备

（一）增值税与营业税征税范围

1. 增值税征税范围

1) 销售或进口货物。"货物"是指有形动产，包括电力、热力、气体在内。

2) 提供加工、修理修配劳务。

2. 营业税征收范围

1) 应税劳务，指交通运输业、建筑业、金融保险业、邮电通信业、文化体育业、娱乐业、服务业。

2) 转让无形资产，包括转让土地使用权、商标权、专利权、非专利技术、出租电影拷贝、转让著作权和转让商誉。

3) 销售不动产，包括销售建筑物或构筑物和销售其他土地附着物。

（二）运费的相关税法规定

我国现行税法规定，增值税一般纳税人购进或销售货物以及在生产经营过程中支付的运输费用，按照运输发票上注明的运费金额，可以依7%的扣除率计算抵扣进项税额。

准予作为抵扣凭证的运费结算单据（普通发票），是指国有铁路、民用航空、公路和水上运输单位开具的货票，以及从事货物运输的非国有运输单位开具的套印全国统一发票监制章的货票。

（三）运费扣税平衡点

企业混合销售行为中的运费是缴纳增值税还是缴纳营业税，其中存在一个平衡点。如果企业内部非独立核算运输部门每年取得的可计算进项税的运输工具耗用的油料、配件及正常修理费支出金额占结算运费的比重为 R，则

可抵扣的进项税 = 结算运费 $\times R \times 17\%$

若内部运输部门独立核算

$$可抵扣的进项税 = 结算运费 \times 7\%$$

同时，这笔运费在收取方还应当按规定缴纳 3% 的营业税。

$$应纳的营业税 = 结算运费 \times 3\%$$
$$合计抵税净额 = 结算运费 \times (7\% - 3\%)$$
$$= 结算运费 \times 4\%$$

当两种情况的抵扣率相等时

$$R = 4\% \div 17\% = 23.53\%$$

当运费中可抵扣增值税的物耗比率达 23.53% 时，此时按运费全额 7% 抵扣与按运费中的物耗部分的 17% 抵扣，二者所抵扣的税额相等。

6.3.3 实训流程及步骤

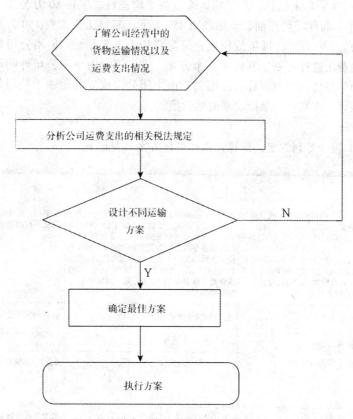

图 6.6 企业购销中运输方式选择的纳税筹划流程及步骤

6.3.4 实训时间

实训授课 1 学时，每学时 50 分钟。教师可以根据专业特点和实训需求适当调整。

6.3.5 实训体验

1. 实训资料

隆华实业股份有限公司是一家综合性集团公司，公司下设 5 家子公司。其中华盛公司为增值税一般纳税人。以往集团公司经营中涉及的运输业务全部由集团外部专门的运输公司承担。2010 年集团公司共实现利润 500 万元，其中华盛公司实现的利润总额 250 万元。2010 年，华盛公司购进原材料时以到厂价与销售方结算，销售产品时以出厂价与购货单位结算。2010 年华盛公司销售产品共取得销售收入 7 000 万元，外购原材料 5 000 万元，购买原材料的运输费用为 500 万元、销售产品的运输费用为 700 万元。原材料当年全部耗用。预计 2011 年华盛公司销售水平、成本水平、利润水平与 2010 年相同。经过市场调查分析发现，如果集团公司自行组织运输，须向银行贷款 600 万元，购置运输设备等固定资产，银行贷款年利率 7%，年末结算。购置的运输设备平均总行驶里程 80 万公里，每年行驶里程约为 20 万公里。每年需要汽油、柴油费用 250 万元，新增工人工资 150 万元，每年的维修费、保养费约为 140 万元，每年的年检、保险费约为 325 万元。集团公司对整个公司的运输方式和运输费用进行筹划，制订了三个方案。方案一：由华盛公司外购设备，成立运输小组，财务归华盛公司统一核算；方案二：由集团公司成立的运输子公司外购设备，该公司实行独立核算。方案三：维持原来的运营模式。

2. 方案设计

运用 EXCEL 设计筹划方案，计算并选择最佳方案（见图 6.7）。

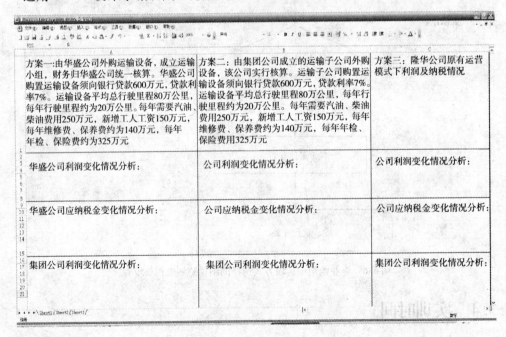

图 6.7 企业购销中运输方式的筹划

3. 方案总结

4. 执行方案注意事项

1）考虑成立独立子公司的成本收益。

2）考虑改变运输方式对交易方的影响。

6.4　应税消费品销售价格的筹划

6.4.1　实训目的

通过本节的实训，使学生了解消费税税目、税率和计税依据；掌握应税消费品的不同等级或价格变化对消费税税率的影响；能够完成应税消费品销售价格筹划方案设计；选择出最佳方案。

6.4.2　实训知识准备

消费税是对在我国境内生产、委托加工和进口应税消费品的单位和个人征收的一种流转税，是对特定消费品选择特定环节，对销售额或销售数量征收的一种税。现行消费税根据税目或子目的不同确定相应的税率或单位税额。消费税的税率分为比例税率、定额税率和复合税率。现行消费税比例税率最低为1%，最高为56%；定额税率最低为每征税单位0.1元，最高为250元。

消费税实行从价定率、从量定额，或者从价定率和从量定额复合计税的办法计算应纳税额。

实行从价定率计税办法计算的应纳税额为

$$应纳税额 = 销售额 \times 比例税率$$

实行从量定额计税方法计算的应纳税额为

$$应纳税额 = 销售数量 \times 定额税率$$

实行复合计税方法计算的应纳税额为

$$应纳税额 = 销售额 \times 比例税率 + 销售数量 \times 定额税率$$

6.4.3 实训流程及步骤

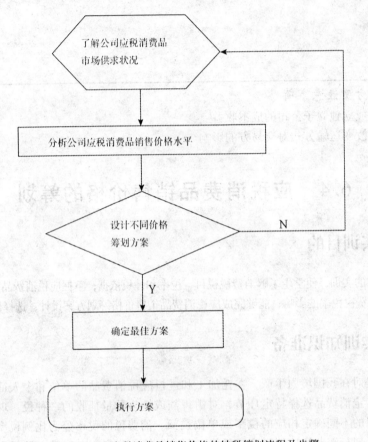

图 6.8 企业应税消费品销售价格的纳税筹划流程及步骤

6.4.4 实训时间

实训授课 1 学时，每学时 50 分钟。教师可以根据专业特点和实训需求适当调整。

6.4.5 实训体验

1. 实训资料

东苑烟草公司是一家生产各中低档次卷烟的公司。自 2003 年以来，该公司随着卷烟销售量的增加，销售利润逐年提高。然而，在 2010 年销售情况发生了变化。该公司甲品牌卷烟由 2009 年销售 12 000 箱下滑到 2010 年的 10 000 箱；乙品牌卷烟由 2009 年销售 9 800 箱下滑到 2010 年的 7 000 箱。2011 年如果不适当调整销售价格，销售数量将继续下滑。公司甲品牌卷烟每条调拨价格 72 元，乙品牌卷烟每条调拨价格 80 元。公司经过市场调查预测，若甲品牌卷烟销售价格下调3%，2011年销售数量将达到11 000箱；若销售价格下调5%，2011年销售数量将达到11 500箱；若销售价格下调10%，2011年销售数量将达到12 000箱。如果乙品牌卷烟销售价格下调3%，2011年销售数量将达到8 000箱；若销售价格下调5%，2011年销售数量将达到9 800箱；若销售价格下调到69.5元/条，2011年销售数量将达到10 000箱。

2. 方案设计

运用EXCEL设计筹划方案，计算并选择最佳方案（见图6.9）。

项目	甲品牌烟每条调拨价格72元	甲品牌卷烟销售价格下调3%	甲品牌卷烟销售价格下调5%	甲品牌卷烟销售价格下调10%	项目	乙品牌烟每条调拨价格80元	乙品牌卷烟销售价格下调3%	乙品牌卷烟销售价格下调5%	乙品牌卷烟销售价格下调至69.5元
应纳消费税					应纳消费税				
应纳城建税及教育费附加					应纳城建税及教育费附加				
销售利润					销售利润				

图6.9 应税消费品销售价格的筹划

3. 方案总结

4. 执行方案注意事项

1）考虑国家税收政策的变化。

2）考虑市场需求状况。

6.5 房地产销售中核算方式选择的筹划

6.5.1 实训目的

通过本节的实训，使学生了解土地增值税计税依据；掌握房地产销售的相关税收政策；能够完成房地产核算方式选择的筹划方案设计；选择出最佳方案。

6.5.2 实训知识准备

（一）土地增值税概念

土地增值税是对转让国有土地使用权、地上建筑物及其附着物并取得收入的单位和个人，就其转让房地产所取得的增值额征收的一种税。凡转让国有土地使用权，地上建筑物及附着物并取得收入的行为都是土地增值税的征税范围。

（二）土地增值税税率

土地增值税实行四级超率累进税率。
1）增值额未超过扣除项目金额50%的部分，税率为30%；
2）增值额超过扣除项目金额50%，未超过扣除项目金额100%的部分，税率为40%。
3）增值额超过扣除项目金额100%，未超过扣除项目金额200%的部分，税率为50%。
4）增值额超过扣除项目金额200%的部分，税率为60%。

（三）土地增值税计税依据

土地增值税的计税依据为土地增值额。土地增值额指转让房地产取得的收入减除规定扣除项目后的余额。

增值额 = 转让房地产的收入 − （取得土地使用权所支付的金额 + 房地产开发成本
+ 房地产开发费用 + 与转让房地产有关的税金 + 加计扣除）

1. 转让房地产收入
（1）转让房地产收入内容
转让房地产收入内容包括：货币收入（现金、银行存款、支票等各种信用票据）、实物收入（水泥等建辅材料、房屋等不动产等）、其他收入（指转让房地产而取得的专利权、商标权等）。
（2）转让房地产收入的确定
1）以交易价格作为转让房地产收入。转让收入不仅指买卖双方的成交价，还应包括税务机关根据评估价确定的收入。所以，转让房地产收入应将转让房地产的全部价款及有关经济收入合并计算。

2）以评估价格作为房地产转让收入。对纳税人隐瞒、虚报房地产成交价格的，转让房地产成交价格低于房地产评估价格，又无正当理由的，不据实提供扣除项目金额的，税务机关可参考由省级以上土地管理部门授予评估资格的评估机构的评估价格作为计税价格。

2. 扣除项目金额

（1）取得土地使用权所支付的金额

这是指纳税人为取得土地使用权所支付的地价款和按国家统一规定缴纳的有关费用。纳税人为取得土地使用权所支付的地价款如下。

1）按照《中华人民共和国城镇土地使用权出让和转让暂行条例》的规定，以协议、招标、拍卖等出让方式取得土地使用权的，为所支付的土地出让金。

2）以行政划拨方式取得土地使用权的，为转让土地使用权时按国家有关规定补交的土地出让金。

3）以转让方式取得土地使用权的，为向原土地使用权人实际支付的地价款。

按照国家统一规定缴纳的有关费用，是指纳税人在取得土地使用权过程为办理有关手续，按国家统一规定缴纳的有关登记、过户手续费。

（2）开发土地和新建房及配套设施的成本

开发土地和新建房及配套设施的成本是指纳税人房地产开展项目实际发生的成本，包括土地征用及拆迁补偿费、前期工程费、建筑安装工程费、基础设施费、公共配套费、开发间接费用。

1）土地征用及拆迁补偿费，包括土地征用费、耕地占用税、劳动力安置费及有关地上、地下附着物拆迁补偿费的净支出、安置动迁房支出等。

2）前期工程费包括规划、设计、项目可行性研究和水文、地质、勘察、测绘、"三通一平"等支出。

3）建筑安装工程费，是指以出包方式支付给承包单位的建筑安装工程费，及自营方式发生的建筑安装工程费。

4）基础设施费，包括开发小区内道路、供水、供电、供气、排污、排洪、通信照明、环卫、绿化等工程发生的支出。

5）公共配套设施费，包括不能有偿转让的开发小区内公共配套设施发生的支出。

6）开发间接费用，是指直接组织、管理开发项目发生的费用，包括工资、职工福利费、折旧费、修理费、办公费、水电费、劳动保护费、周转房摊销等。

（3）开发土地的新建房及配套设施的费用

开发土地的新建房及配套设施的费用是指与房地产开发项目有关的销售费用、管理费用和财务费用。

财务费用中的利息支出，凡能够按转让房地产项目计算分摊利息支出并提供金额机构证明的，经县级地方税务机关核准后，房地产开发费用中的利息支出，允许按不超过商业银行同类同期贷款利率计算并据实扣除；对扣除利息支出后的房地产开发费用不超过取得土地使用权所支付的金额和开发土地和新建房及配套设施的成本金额之和（以下简称开发产品成本）5%的，据实扣除，超过开发产品成本5%的，按5%计算扣除。对不能按转让房地产项目计算分摊利息支出或不能提供金融机构证明的，房地产开发费用不超过开发产品成本的 10% 的，据实扣除，超过开发产品成本 10% 的，按 10% 计算扣除。

另外对下列扣除项目中的利息支出不允许扣除：①利息的上浮幅度按国家的有关规定执行，超过上浮幅度的部分不允许扣除；②对于超过贷款期限的利息部分和加罚的利息不允许扣除。

（4）与转让房地产有关的税金

与转让房地产商有关的税金是指在转让房地产时缴纳的营业税、城市维护建设税、印花税；因转让房地产缴纳的教育费附加、地方教育费，也可视同税金予以扣除。

（5）财政部规定的其他扣除项目加计扣除

对从事房地产开发的纳税人，可按取得土地使用权所支付的金额和开发土地和新建房及配套设施的成本的金额之和，加计 20% 的扣除。从事房地产开发的纳税人，是指从工商部门领取从事房地产开发的营业执照并取得建设主管部门颁发资质等级证书的企业。

（6）地方政府要求房地产开发企业代收的费用

对于县级及县级以上人民政府要求房地产开发企业售房时代收的各项费用，如果计入房价中，并作为转让收入计税的，在计算扣除项目金额时，可予以扣除，如果代收费用是在房价之外单独收取的，没有作为转让收入计税的，在计算扣除项目金额时，不能予以扣除。

6.5.3 实训流程及步骤

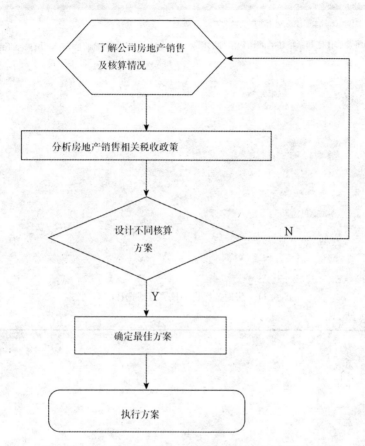

图 6.10 房地产销售中核算方式选择的纳税筹划流程及步骤

6.5.4 实训时间

实训授课 1 学时，每学时 50 分钟。教师可以根据专业特点和实训需求适当调整。

6.5.5 实训体验

1. 实训资料

天逸房地产开发公司 2009 年开发商品房，取得销售收入 3000 万元，其中销售普通住宅共取得收入 2 000 万元。豪华住宅的销售额为 1 000 万元。允许扣除项目金额为 2 200 万元，其中普通住宅可扣除项目金额为 1 600 万元，豪华住宅可扣除项目金额为 600 万元。

2. 方案设计

运用 EXCEL 设计筹划方案，计算并选择最佳方案（见图 6.11）。

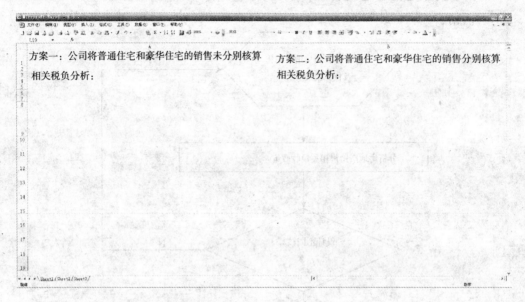

方案一：公司将普通住宅和豪华住宅的销售未分别核算

相关税负分析：

方案二：公司将普通住宅和豪华住宅的销售分别核算

相关税负分析：

图 6.11　房地产销售中核算方式选择的筹划

3. 方案总结

4. 执行方案注意事项

1）考虑土地增值额的确定。

2）考虑不同核算方式对公司销售的影响。

第 7 章　企业会计核算中的纳税筹划实训

7.1　兼营和混合销售的筹划

7.1.1　实训目的

通过本节的实训，使学生了解企业经营中的兼营和混合销售行为；掌握税法对兼营和混合销售行为的法律规定；能够完成经营方式调整和核算方式选择的筹划方案设计；选择出最佳方案。

7.1.2　实训知识准备

（一）兼营行为的法律规定

兼营包括两种方式：一是兼营不同税种不同税率业务，是指纳税人既销售增值税的应税货物或提供增值税应税劳务，同时还从事营业税的应税劳务，并且这两项经营活动间无直接的联系和从属关系。纳税人兼营非增值税应税项目的，应分别核算货物或者应税劳务和非增值税应税项目的营业额。未分别核算的，由主管税务机关核定货物或者应税劳务的销售额。二是兼营同一税种不同税率业务。纳税人兼营不同税率的货物或者应税劳务，应当分别核算不同税率货物或者应税劳务的销售额，未分别核算销售额的，采取从高适用税率。

（二）混合销售行为的界定

混合销售行为是指在一项销售行为里既涉及增值税应税货物，又涉及应缴营业税的劳务的行为。出现混合销售行为，涉及的货物和非应税劳务只是针对一项销售行为而言。即非应税劳务是为了直接销售一批货物而提供的，二者之间是紧密相联的从属关系。

对混合销售行为的税务处理是：从事货物的生产、批发或零售的企业、企业性单位及个体经营者以及以从事货物的生产、批发或零售为主，并兼营非应税劳务的企业、企业性单位及个体经营者的混合销售行为，视同销售货物，征收增值税；其他单位和个人的混合销售行为，视同销售非应税劳务，不征收增值税，而征收营业税。

《增值税暂行条例实施细则》第六条规定：销售自产货物并同时提供建筑业劳务的混合

销售行为，应当分别核算货物的销售额和非增值税应税劳务的营业额，并根据其销售货物的销售额计算缴纳增值税，非增值税应税劳务的营业额不缴纳增值税；未分别核算的，由主管税务机关核定其货物的销售额。

7.1.3 实训流程及步骤

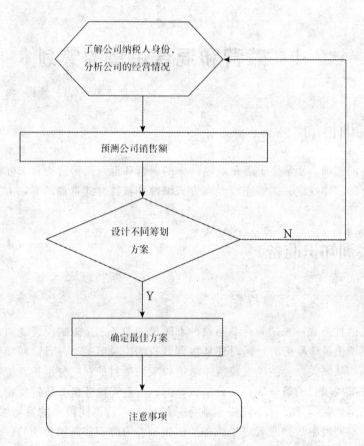

图7.1 兼营和混合销售的纳税筹划流程及步骤

7.1.4 实训时间

实训授课2学时，每学时50分钟。教师可以根据专业特点和实训需求适当调整。

7.1.5 实训体验

＊教师引导题例

腾达股份有限公司是一家大型机械设备生产企业，公司每年产品销售收入为1 400万元，其中安装、调试收入为300万元。购进原料1 000万元，可以抵扣的进项税额为170万元。该公司除生产车间外，还设有机械设备设计部，负责大型设备的设计及建安设计工作，每年设计费收入600万元。公司所处行业增值税平均税负5%。

运用EXCEL设计筹划方案，计算并选择最佳方案（见图7.2）。

在单元格A3，A5，A7和单元格B3，B5，B7中分别输入计算公式。得出不同方案中的税负水平。

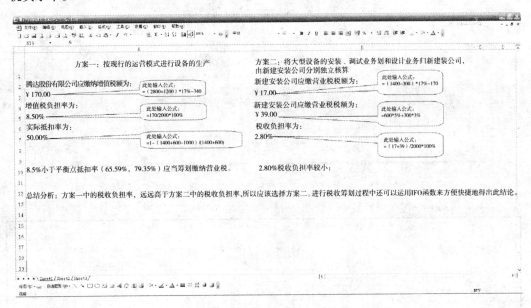

图7.2 兼营和混合销售的筹划

总结分析：

方案一中的税收负担率远远高于方案二中的税收负担率，所以应该选择方案二。进行税收筹划过程中还可以运用IF（ ）函数来方便快捷地得出结论。

1. 实训资料

海虹股份有限责任公司是生产电梯设备的专业生产企业。公司在生产销售电梯设备的同时，还负责为客户提供电梯设备的设计及安装。公司每年取得的产品不含税销售收入为3 600万元，其中安装、调试收入为900万元。公司每年购进原料3 000万元，可以抵扣的进项税额为510万元。公司除生产车间外，还设有电梯设计室，负责电梯设计工作，每年设计费收入为1 800万元，该行业增值税平均税负4%。

2. 方案设计

运用EXCEL设计筹划方案，计算并选择最佳方案（见图7.3）。

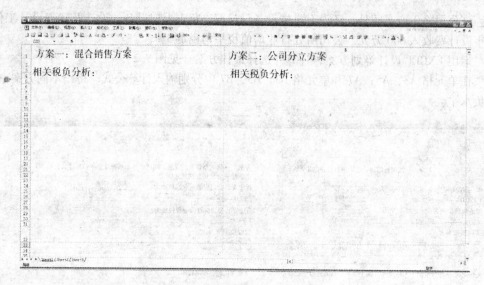

图7.3 兼营和混合销售的筹划

3. 方案总结

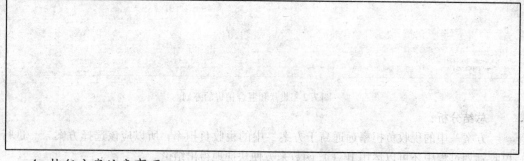

4. 执行方案注意事项

1）考虑混合销售行为的认定。

2）考虑公司销售情况。

7.2 应税消费品加工方式选择的筹划

7.2.1 实训目的

通过本节的实训，使学生了解委托加工应税消费品的含义；掌握委托加工应税消费品和自行加工应税消费品的计税依据；能够完成应税消费品不同加工方式选择的筹划方案设计；选择出最佳方案。

7.2.2 实训知识准备

1. 委托加工应税消费品的概念

委托加工的应税消费品是指由委托方提供原料和主要材料，受托方只收取加工费和代垫部分辅助材料加工的应税消费品。

2. 委托加工应税消费品的计税依据

委托加工的应税消费品，按照受托方同类消费品的销售价格计算纳税；没有同类消费品销售价格，则采用组成计税价格。

所谓同类消费品的销售价格，是指纳税人或代收代缴义务人当月销售的同类消费品的销售价格。如果当月同类消费品各期销售价格高低不同，应按销售数量加权平均计算。如果当月无销售或者当月未完结，应按照同类消费品上月或最近月份的销售价格计算纳税。

销售的应税消费品有下列情况之一的，不得列入加权平均计算：销售价格明显偏低又无正当理由的；无销售价格的。

实行从价定率办法计算纳税的组成计税价格计算公式为

$$组成计税价格 = （材料成本 + 加工费）÷ （1 - 比例税率）$$

实行复合计税办法计算纳税的组成计税价格计算公式为

$$组成计税价格 = （材料成本 + 加工费 + 委托加工数量 × 定额税率）÷ （1 - 比例税率）$$

公式中的材料成本，是指委托方所提供加工材料的实际成本。委托方加工应税消费品的纳税人，必须在委托加工合同上如实注明材料成本，凡未提供材料成本的，受托方所在地主管税务机关有权核定其材料成本。加工费是指受托方加工应税消费品向委托方所收取的全部费用（包括代垫辅助材料的实际成本）。受托方必须如实提供向委托方收取的全部费用，这样才能既保证组成计税价格及代收代缴消费税准确地计算出来，也使受托方按加工费得以正确计算其应纳的增值税。

委托加工的应税消费品，受托方在交货时已代收代缴消费税，委托方收回后直接出售的，不再征收消费税。委托方收回货物后用于连续生产应税消费品的，其已纳税款准予按照规定从连续生产的应税消费品应纳消费税税额中抵扣。

7.4　实训流程及步骤

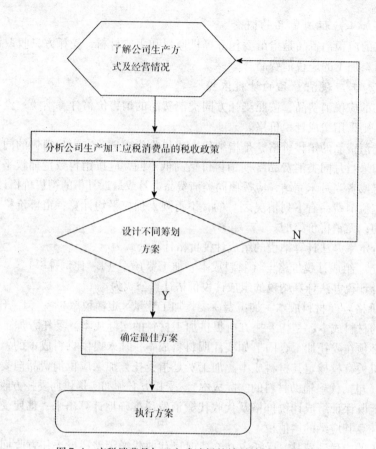

图 7.4　应税消费品加工方式选择的纳税筹划流程及步骤

7.2.4　实训时间

实训授课 1 学时，每学时 50 分钟。教师可以根据专业特点和实训需求适当调整。

7.2.5　实训体验

1. 实训资料

长安酒业有限责任公司是一家生产白酒和葡萄酒的生产企业。2010 年 12 月公司厂接到一项生产订单，生产 250 吨粮食白酒。合同议定的销售价格 500 万元。对方要求公司在 2011 年 2 月 1 日前交货。由于公司正在进行生产设备的大修理，如果等设备修理完成后再进行生产，就无法按期交货。公司应如何生产加工这批产品？

2. 方案设计

运用 EXCEL 设计筹划方案，计算并选择最佳方案（见图 7.5）。

方案一：公司暂停对生产设备修理，由本公司完成粮食白酒的生产，原材料价值125万元，生产成本110万元。生产完成后按议定价格500万元直接销售	方案二：公司将价值125万元的原材料委托加工单位加工成酒精，双方协议加工费75万元，加工成150吨酒精。运回公司后，由本公司加工成250吨的粮食白酒销售。本公司加工的成本及应摊的相关费用为35万元	方案三：公司以价值125万元的原材料委托加工单位加工成200吨高纯度白酒，双方协议加工费90万元。加工完成运回公司后，再由本公司加工的成本及应摊的相关费用为20万元	方案四：公司以价值125万元的原材料委托加工单位加工成定型产品，双方协议加工费110万元。产品运回公司后，仍以原议定销售价格500万元直接销售
消费税	消费税	消费税	消费税
城建税及教育费附加	城建税及教育费附加	城建税及教育费附加	城建税及教育费附加
企业税务	企业税务	企业税务	企业税务
最后净利	最后净利	最后净利	最后净利

图 7.5　应税消费品加工方式选择的筹划

3. 方案总结

4. 执行方案注意事项

1）考虑委托加工的应税消费品消费税计税依据法律规定。

2）考虑不同加工方式的加工费。

177

7.3 建筑工程承包公司工程合同签订的筹划

7.3.1 实训目的

通过本节的实训,使学生了解营业税的税目、税率和计税依据;掌握建筑工程承包公司合同签订的税收政策;能够完成建筑工程合同签订的筹划方案设计;选择出最佳方案。

7.3.2 实训知识准备

(一)营业税的税目及税率

我国营业税主要设置9个税目:交通运输业、建筑业、金融保险业、邮电通信业、文化体育业、娱乐业、服务业、转让无形资产和销售不动产。我国现行营业税采用比例税率形式,设置了3%、5%、5%~20%三档税率。交通运输、建筑安装、邮电通信及文化体育,适用的税率为3%;金融保险、服务业、转让无形资产及销售不动产,适用的税率为5%;娱乐业适用的税率为5%~20%。

(二)建筑业营业税的计税依据

建筑业营业税的计税依据为承接建筑安装、修缮装饰和其他工程作业向建设单位收取的全部价款及价外费用。

确定应税营业额的特殊规定:

1)建筑业的总承包人将工程分包或者转包给他人,以工程的全部承包额减去付给分包人或者转包人的价款后的余额为营业额。

2)从事建筑、修缮、装饰工程作业,无论怎样结算,营业额均包括工程所用原材料及其他物资和动力的价款。

3)建筑安装工程的计税营业额不包括设备价值。但从事安装工程作业,凡所安装的设备的价值作为安装工程产值的,营业额包括设备的价款。

4)纳税人自建自用的房屋,其自建行为不纳税;如纳税人(不包括个人自建自用住房销售)将自建的房屋对外销售,其自建行为应按建筑业缴纳营业税,再按销售不动产征收营业税。其自建行为的营业额按纳税人当月同类应税劳务和销售同类不动产的平均价格核定。没有同类应税劳务和同类不动产的平均价格,按组成计税价格计算。其公式为

$$组成计税价格 = 营业成本 \times (1 + 成本利润率) / (1 - 营业税税率)$$
$$应纳税额 = 组成计税价格 \times 适用税率$$

5)建筑安装企业向建设单位收取的临时设施费、劳动保护费和施工机构迁移费,应计入营业额征税。施工企业向建设单位收取的材料差价款、抢工费、全优工程奖和提前竣工

奖，应计入营业额征税。但是建筑安装企业由于自身的原因支付的工程质量罚款和延误工期损失，不得从工程收入中扣除。

7.3.3 实训流程及步骤

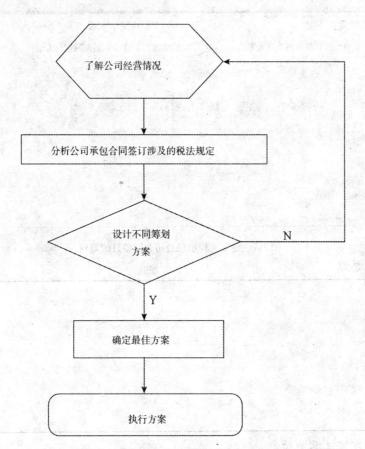

图7.6 建筑工程承包公司合同签订的纳税筹划流程及步骤

7.3.4 实训时间

实训授课1学时，每学时50分钟。教师可以根据专业特点和实训需求适当调整。

7.3.5 实训体验

1. 实训资料

禹安工程承包公司是一家专营建筑工程管理的企业，2010年公司承揽一办公大楼的建筑工程，工程总造价为3 000万元。工程由跃华建筑公司施工完成，跃华建筑公司承包金额为2 100万元。按照以往惯例，禹安公司组织安排跃华建筑公司与建设单位签订工程承包合

179

同，禹安工程承包公司与建设单位签订服务合同，服务费用 900 万元。

2. 方案设计
运用 EXCEL 设计筹划方案，计算并选择最佳方案（见图 7.7）。

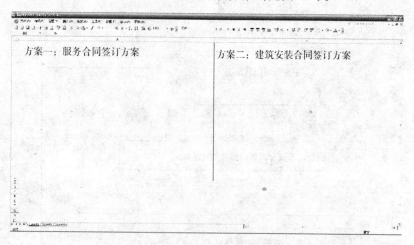

方案一：服务合同签订方案

方案二：建筑安装合同签订方案

图 7.7　建筑工程承包公司合同签订的筹划

3. 方案总结

4. 执行方案注意事项
考虑施工单位资质及工程质量。

7.4　获利年度调整的筹划

7.4.1　实训目的

通过本节的实训，使学生了解企业所得税税率；掌握企业所得税税收优惠政策；能够完成获利年度调整的筹划方案设计；选择出最佳方案。

7.4.2　实训知识准备

（一）企业所得税税率

1）企业所得税的基本税率为25%。

2）在中国境内未设立机构、场所的，或者虽设立机构、场所但取得的所得与其所设机构、场所没有实际联系的非居民企业来源于中国境内的所得，适用20%的税率。

3）符合条件的小型微利企业，适用20%的税率。符合条件的小型微利企业，是指从事国家非限制和禁止行业，并符合下列条件的企业：①工业企业，年度应纳税所得额不超过30万元，从业人数不超过100人，资产总额不超过3 000万元。②其他企业，年度应纳税所得额不超过30万元，从业人数不超过80人，资产总额不超过1 000万元。

4）国家需要重点扶持的高新技术企业，适用15%的税率。国家需要重点扶持的高新技术企业，指拥有核心自主知识产权，同时符合下列条件的企业。①产品（服务）属于《国家重点支持的高新技术领域》规定的范围。②研究开发费用占销售收入的比例不低于规定比例。③高新技术产品（服务）收入占企业总收入的比例不低于规定比例。④科技人员占企业职工总数的比例不低于规定比例。⑤高新技术企业认定管理办法规定的其他条件。

（二）企业所得税税收优惠

新《企业所得税法》规定，国家需要重点扶持的高新技术企业，减按15%的税率征收企业所得税。新设企业自认定成为高新技术企业资格之日起，可以享受15%的税收优惠政策。"5 + 1"地区的可以享受两免三减半的税收优惠政策。

依据《国务院关于经济特区和上海浦东新区新设立高新技术企业实行过渡性税收优惠的通知》（国发〔2007〕40号），在2008年1月1日（含）之后完成登记注册的国家需要重点扶持的高新技术企业，在深圳、珠海、汕头、厦门、海南等五个经济特区以及上海浦东新区新设高新技术企业的，自取得第一笔生产经营收入所属纳税年度起，第一年至第二年免征企业所得税，第三年至第五年按照25%的法定税率减半征收企业所得税。

对设在西部地区国家鼓励类产业的内资企业和外商投资企业，在2001～2010年期间，减按15%的税率征收企业所得税。对在西部地区新办交通、电力、水利、邮政、广播电视企业，上述项目业务收入占企业总收入70%以上的，可以享受企业所得税如下优惠政策：①内资企业自开始生产经营之日起，第一年至第二年免征企业所得税，第三年至第五年减半征收企业所得税；②外商投资企业经营期在10年以上的，自获利年度起，第一年至第二年免征企业所得税，第三年至第五年减半征收企业所得税。

2008年，国家税务总局和财政部联合下发了《关于企业所得税若干优惠政策的通知》（财税〔2008〕1号）。该文件第一条第二款规定："我国境内新办软件生产企业经认定后，自获利年度起，第一年和第二年免征企业所得税，第三年至第五年减半征收企业所得税。"

7.4.3 实训流程及步骤

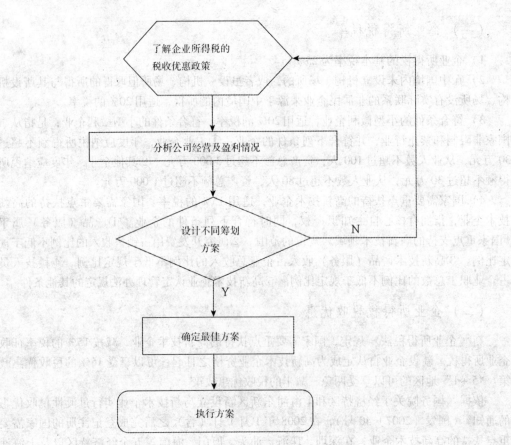

图 7.8 获利年度调整的纳税筹划流程及步骤

7.4.4 实训时间

实训授课 1 学时，每学时 50 分钟。教师可以根据专业特点和实训需求适当调整。

7.4.5 实训体验

1. 实训资料

通达有限公司是一家 2010 年新办的计算机软件开发生产及销售企业。公司自主研发的某软件，取得国家颁发的软件产品登记证。公司于 2010 年开始盈利，当年应纳税所得额为 40 万元。公司预计 2011～2015 年的应纳税所得额分别为 -320 万元、-180 万元、-120 万元、0 万元和 620 万元（未弥补以前年度亏损）。公司将在 2012 年申请软件企业认定，预计 2013 年被批准成为软件企业，同年经企业申请被国家有关部门评为高新技术行业。公司预计 2016～2020 年的应纳税所得额基本相同，约为 1 500 万元。在公司经营的 10 年间，预计相关业务情况如下：在 2011 年 1 月对公司的经营用房进行装修，费用是 50 万元；2015 年的 12 月一笔赊销销售收入 90 万元，相应的成本为 30 万元；2015 年 12 月，公司购入一台设备，价款 1 500 万元，公司采用双倍余额递减法，按 5 年的折旧期计提折旧。公司要求的最低报酬率为 10%。

2. 方案设计

运用 EXCEL 设计筹划方案，计算并选择最佳方案（见图 7.9）。

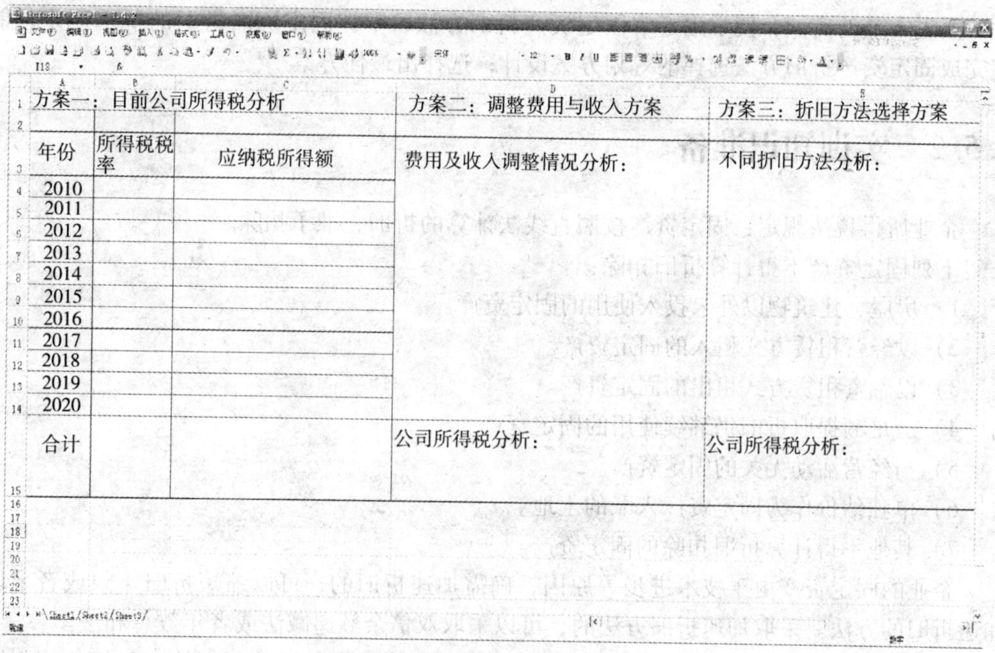

方案一：目前公司所得税分析			方案二：调整费用与收入方案	方案三：折旧方法选择方案
年份	所得税税率	应纳税所得额	费用及收入调整情况分析：	不同折旧方法分析：
2010				
2011				
2012				
2013				
2014				
2015				
2016				
2017				
2018				
2019				
2020				
合计			公司所得税分析：	公司所得税分析：

图 7.9 获利年度调整的筹划

3. 方案总结

4. 执行方案注意事项

1）考虑软件企业资质认定时间。

2）考虑减免税优惠对固定资产折旧的影响。

7.5 固定资产折旧方法选择的筹划

7.5.1 实训目的

通过本节的实训，使学生了解固定资产折旧方法；掌握固定资产折旧的税法规定；能够完成固定资产折旧方法选择的筹划方案设计；选择出最佳方案。

7.5.2 实训知识准备

企业所得税法规定：固定资产按照直线法计算的折旧，准予扣除。

下列固定资产不得计算折旧扣除：

1）房屋、建筑物以外未投入使用的固定资产。

2）以经营租赁方式租入的固定资产。

3）以融资租赁方式租出的固定资产。

4）已足额提取折旧仍继续使用的固定资产。

5）与经营活动无关的固定资产。

6）单独估价作为固定资产入账的土地。

7）其他不得计算折旧扣除的固定资产。

企业的固定资产由于技术进步等原因，确需加速折旧的，可以缩短折旧年限或者采取加速折旧的方法。采取加速折旧方法的，可以采取双倍余额递减法或者年数总和法。

企业可供选择的固定资产折旧方法包括两大类：第一类是平速折旧法，包括使用年限法和工作量法；第二类是加速折旧法，包括双倍余额递减法和年数总和法等方法。

1）使用年限法，又称为直线法，是固定资产的原始价值扣除预计净残值后，按照预计使用年限平均计算折旧的一种方法。这种方法是将固定资产的应计折旧额均衡地分摊到固定资产预计使用寿命内，采用这种方法计算的每期折旧额是相等的。

计算公式为

$$年折旧率 = [(1 - 预计净残值率)/预计使用寿命] \times 100\%$$

$$月折旧率 = 年折旧率/12$$

$$月折旧额 = 固定资产原值 \times 月折旧率$$

2）工作量法，是根据实际工作量计算每期应计提折旧额的一种方法。

计算公式为

$$单位工作量折旧额 = [固定资产原值 \times (1 - 预计净残值率)]/预计总工作量$$

$$某项固定资产月折旧额 = 该项固定资产当月工作量 \times 单位工作量折旧额$$

3）双倍余额递减法，是在不考虑固定资产残值的情况下，根据每期期初固定资产账面余额和双倍直线折旧率计算固定资产折旧的一种方法。

计算公式为

年折旧率＝［2/预计使用年限］×100%

月折旧率＝年折旧率/12

月折旧额＝每月月初固定资产账面净值×月折旧率

实行双倍余额递减法计提折旧的固定资产，一般应在固定资产使用寿命到期前两年内，将固定资产账面净值扣除预计净残值后的净值平均摊销。

4）年数总和法，是指将固定资产的原价减去预计净残值后的余额，乘以一个逐年递减的分数计算每年的折旧额。这个递减分数的分子代表固定资产尚可使用的年数，分母代表使用年数的数字总和。

计算公式为

年折旧率＝［尚可使用年限/预计使用寿命的年数总和］×100%

月折旧率＝年折旧率/12

月折旧额＝（固定资产原价 – 预计净残值）×月折旧率

加速折旧法使得固定资产每年计提的折旧费用，在使用初期提得多，后期则提得少，从而相对加快了折旧的速度，在比设备寿命更短的年限内提完折旧额。

7.5.3 实训流程及步骤

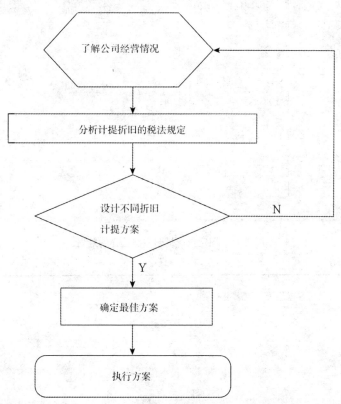

图 7.10 固定资产折旧方法选择的纳税筹划流程及步骤

7.5.4 实训时间

实训授课 1 学时，每学时 50 分钟。教师可以根据专业特点和实训需求适当调整。

7.5.5 实训体验

1. 实训资料

正新科技有限公司刚刚购置一台电子设备，该设备原值为 100 万元，预计残值 5 万元，折旧年限 5 年。设备符合税法规定的采用加速折旧法或缩短折旧年限的条件。目前公司正处于两年免税的税收优惠期第一年。公司所得税税率为 25%。公司预计未来经营期间年收益率可达 10%。

2. 方案设计

运用 EXCEL 筹划方案，计算并选择最佳方案（见图 7.11）。

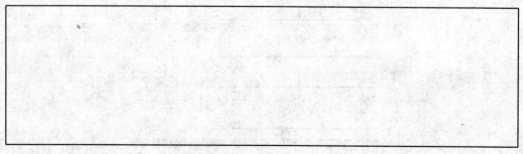

图 7.11 固定资产折旧方法选择的筹划

3. 方案总结

4. 执行方案注意事项

1）考虑5年税前弥补亏损的期限。

2）考虑减免税优惠对折旧方法选择的影响。

3）考虑通货膨胀因素对折旧方法选择的影响。

7.6 税前扣除项目的筹划

7.6.1 实训目的

通过本节的实训，使学生了解企业所得税税前扣除的各项支出；掌握利息支出、工资薪金、广告费、业务宣传费、业务招待费、技术开发费等的扣除标准；能够完成税前扣除项目的筹划方案设计；选择出最佳方案。

7.6.2 实训知识准备

税法规定企业实际发生的与取得收入有关的、合理的支出，包括成本、费用、税金、损失和其他支出，准予在计算应纳税所得额时扣除。

企业实际发生的合理的职工工资薪金，准予在税前扣除。企业发生的职工福利费支出，不超过工资薪金总额14%的部分，准予扣除。企业拨缴的工会经费，不超过工资薪金总额2%的部分，准予扣除。除国务院财政、税务主管部门另有规定外，企业发生的职工教育经费支出，不超过工资薪金总额2.5%的部分，准予扣除；超过部分，准予在以后纳税年度结转扣除。

企业发生的与生产经营活动有关的业务招待费支出，按照发生额的60%扣除，但最高不得超过当年销售（营业）收入的5‰。企业发生的符合条件的广告费和业务宣传费支出，不超过当年销售（营业）收入15%的部分，准予扣除；超过部分，准予在以后纳税年度结转扣除。

企业为开发新技术、新产品、新工艺发生的研究开发费用，未形成无形资产计入当期损益的，在按照规定据实扣除的基础上，按照研究开发费用的50%加计扣除；形成无形资产的，按照无形资产成本的150%摊销。

7.6.3 实训流程及步骤

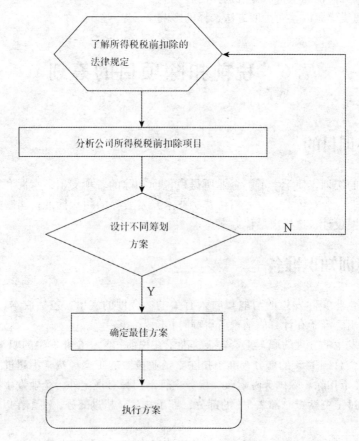

图 7.12 税前扣除项目的纳税筹划流程及步骤

7.6.4 实训时间

实训授课 1 学时，每学时 50 分钟。教师可以根据专业特点和实训需求适当调整。

7.6.5 实训体验

1. 实训资料

正阳电子有限公司 2010 年实现的销售收入 2 000 万元。由于公司本年度推出新的产品，为了打开市场销路，扩大市场份额，公司 2010 年广告费、业务宣传费、业务招待费投入资金较多，超支严重。广告费全年开支额为 280 万元，业务宣传费全年开支额为 200 万元，业务招待费全年开支额为 20 万元。公司预计 2011 年可实现的销售额与 2010 年相同，公司预计 2011 年的广告费、业务宣传费、业务招待费开支与 2010 年相同。公司为了产品的推陈出新和升级换代，计划在2011年开发一项新型技术，预计将在年内完成，发生研发费用300万元。该公司平均年投资收益率为6%。

2．方案设计

运用EXCEL设计筹划方案，计算并选择最佳方案（见图7.13）。

方案一：公司2011年的广告费、业务宣传费、业务招待费按目前方案执行。公司将研发费用资本化，作为无形资产入账	方案二：将公司内部非独立的销售部门分立出来，注册成为独立的子公司，专门经销本公司的产品。公司先将全部产品按原售价的8折卖给销售子公司，再由子公司对外按原售价出售。公司发生的广告费、业务宣传费、业务招待费在母公司和子公司之间分配，预计母公司的广告费280万元、业务宣传费120万元、业务招待费10万元，其余由子公司负担。公司将研发费用计入当期损益
方案分析：	方案分析：

图7.13　税前扣除项目的筹划

3．方案总结

4．执行方案、注意事项

1）考虑关联方交易，符合独立企业之间业务往来的要求。

2）考虑新法施行后5年过渡期优惠。

第8章　企业筹资的纳税筹划实训

8.1　设备取得方式及资金筹集的筹划

8.1.1　实训目的

通过本节的实训，使学生了解企业资金筹集方式；掌握不同筹资方式的相关税收政策；能够完成设备取得方式及资金筹集方式选择的筹划方案设计；选择出最佳方案。

8.1.2　实训知识准备

无论是新建企业还是正处于扩张期的企业都需要进行相适应的融资活动，融资的方式主要有两种：一是权益方式融资；二是负债方式融资。从财务效益角度考虑，两者的区别主要在于资本成本的差异，而所得税的存在正是这种差异产生的主要原因之一。

（一）租赁的种类

租赁是企业债务融资的具体方式。租赁是指在约定的期间内，出租人将资产使用权让与承租人以获取租金的协议。在市场经济条件下，租赁业务作为企业融资的重要形式，需求日益增长，越来越多的企业通过租赁的形式获取相关资产的使用权。按租赁双方对租赁物所承担的风险和报酬为标准，可将租赁分为经营租赁和融资租赁。

1. 经营租赁

经营租赁也称为服务租赁或业务租赁，是为了满足经营使用上的临时或季节性需要而发生的资产租赁。经营租赁是一种短期租赁形式，它是指出租人不仅要向承租人提供设备的使用权，还要向承租人提供设备的维修、保养及人员培训等服务的一种租赁形式。

经营租赁是一项可撤销的、不完全支付的短期租赁业务。其业务特征表现为：①租赁物件的选择由出租人决定；②租赁物件一般是通用设备或技术含量很高、更新速度较快的设备；③租赁目的主要是短期使用设备；④出租人既提供租赁物件，又同时提供必要的服务；⑤出租人始终拥有租赁物件的所有权，并承担有关的一切利益与风险；⑥租赁期限短，中途可解除合同；⑦租赁物件的使用有一定的限制条件。

2. 融资租赁

融资租赁也称为资本租赁，是指公司委托租赁公司根据公司的要求选择代为购入所需的资产，然后公司以租赁的方式从租赁公司租入该项资产，从而达到融通资金的目的。融资租赁实质上转移了与资产所有权有关的全部风险和报酬，所有权最终可能转移，也可能不转移。满足下列条件之一的，即可被认定为融资租赁。

1）在租赁期满时，资产的所有权转移给承租人。

2）承租人有购买租赁资产的选择权，所订立的购价预计远低于行使选择权时租赁资产的公允价值，因而在租赁开始日就可合理地确定承租人将会行使这种选择权。

3）租赁期占租赁资产使用寿命的大部分。

4）就承租人而言，租赁开始日最低租赁付款额的现值几乎相当于（90%以上）租赁开始日租赁资产公允价值，就出租人而言，租赁开始日最低租赁收款额的现值几乎相当于（90%以上）租赁开始日租赁资产公允价值。

企业以经营租赁方式租入固定资产发生的租赁费支出，按照租赁期限均匀扣除；以融资租赁方式租入固定资产发生的租赁费支出，按照规定构成融资租入固定资产价值的部分应当提取折旧费用，分期扣除。

（二）融资租赁的相关税收政策

对经中国人民银行批准经营融资租赁业务的单位所从事的融资租赁业务，无论租赁的货物的所有权是否转让给承租方，均按《中华人民共和国营业税暂行条例》的有关规定征收营业税，不征收增值税。其他单位从事的融资租赁业务，租赁的货物的所有权转让给承租方，征收增值税，不征收营业税；租赁的货物的所有权未转让给承租方，征收营业税，不征收增值税。

纳税人经营融资租赁业务，以其向承租者收取的全部价款和价外费用（包括残值）减去出租方承担的出租货物的实际成本后的余额为营业额。出租货物的实际成本，包括由出租方承担的货物购入价、关税、增值税、消费税、运杂费、安装费、保险费等费用。

（三）设备购置的税收优惠政策

企业购置并实际使用《环境保护专用设备企业所得税优惠目录》、《节能节水专用设备企业所得税优惠目录》和《安全生产专用设备企业所得税优惠目录》规定的环境保护、节能节水、安全生产等专用设备，其设备投资额的10%可以从企业当年的应纳税额中抵免；当年不足抵免的，可以在以后5个纳税年度结转抵免。

8.1.3　实训流程及步骤

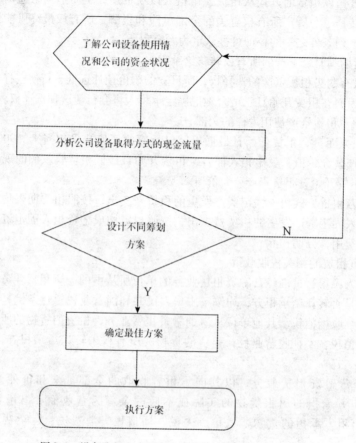

图 8.1　设备取得方式及资金筹集的纳税筹划流程及步骤

8.1.4　实训时间

实训授课 2 学时，每学时 50 分钟。教师可以根据专业特点和实训需求适当调整。

8.1.5　实训体验

＊教师引导题例

鼎鑫公司需要购置价值 100 万元的新设备，可以从银行借款获得所需资金，也可以通过租赁该项设备而无需贷款。设备采用加速折旧，其寿命为 3 年。折现率预计在 6% ～ 12% 之间变化，所得税率预计会从 0 变化到 25%，假设此借款银行利率为 15%，分三次等额偿还，每年年底支付。租赁条件为每年年底支付租金 32 万元，租期为 3 年。如果鼎鑫公司打算租期满后继续使用该设备，需要在租约到期时按公平价买下该设备，残值为 20 万元。为节约税收该公司应采取租设备还是借款买设备？

以下运用 EXCEL 进行设备取得方式及资金筹集的纳税筹划方案设计。

首先要建立滚动条控制项，以便观察税收节约和现金流量变化，进而决策最佳的税收筹划方案。租赁公司提供的利率和还款金额即是决策的依据，在纳税筹划的分析模型建立时，为了方便快捷，可在利率处和税率处建立一个"滚动条控制项"，税收筹划人员可以通过使用滚动条便捷快速得出节税的方案。

1）选择【滚动条控制项】按钮。单击窗体工具栏中的【滚动条控制项】按钮。

2）指定"滚动条控制项"的位置。在工作表上指定"滚动条控制项"的位置：C8 单元格的左上角拖曳鼠标到 C8 单元格的右下角，此时一个矩形的"滚动条控制项"出现在 C8 单元（见图 8.2）。

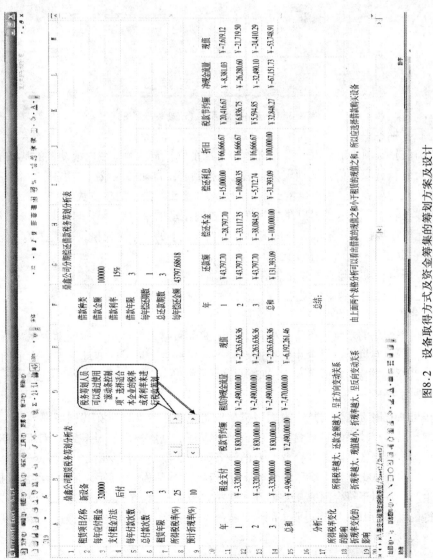

图 8.2 设备取得方式及资金筹集的筹划方案及设计

3）设置所得税率变化范围。双击新建立的"滚动条控制项"，则显示出对象格式对话框，如图8.3所示，选择【控制】标签。

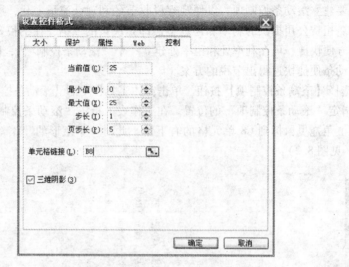

图8.3　对象格式对话框（滚动条控制项）

【控制】标签中：

【当前值】选项决定在由【最大值】和【最小值】定义的区域内滚动栏的默认值。

【最大值】、【最小值】选项定义有滚动条控制表示得知的区域。

【步长】选项表示当用户单击选定滚动条一端箭头时滚动的单位数。

【页步长】选项表示当用户在滚动条内单击时滚动的单位数。

【单元格连接】将选定滚动条的值链接到工作表上的一个单元格，若值在某一位置发生变化，则它也在另一位置发生变化。

【三位阴影】决定该控制项是否有一个三维外观。

4）完成滚动条控制项的建立。单击【确定】按钮。

总结分析：

所得税率变化的影响：所得税率越大，还款金额越大；呈正方向变动关系。折现率变化的影响：折现率越大现值越小，折现率越小现值越大，呈反向变动关系。由上面两个表格分析可以看出借款的现值之和小于租赁的现值之和，所以应选择借款购买设备。

1. 实训资料

龙华机械有限责任公司是一家大型机械设备生产企业，公司在我国西部地区。公司生产销售的产品具有较高的科技含量，销售前景看好。目前，该公司接到一笔新业务，生产一批产品。生产该产品除了本企业原有的设备外，还需要一台专用生产设备。该生产设备目前市场价格为300万元，预计使用年限为6年，净残值为12万元，采用直线法计提折旧，该专用生产设备属于符合国家规定的环境保护、节能节水、安全生产等专用设备。公司的企业所得税率为15%。公司要求的最低报酬率为10%。公司如何取得这台专用设备，才能获得最大的经济收益？

2. 方案设计

运用 EXCEL 设计筹划方案，计算并选择最佳方案（见图 8.4。）

方案一：用公司自有资金购买设备

年份	购买成本	折旧费	节税额	税后出现金额出量	折现系数	税后现金流出量现值
0						
1						
2						
3						
4						
6						
合计						

方案二：通过银行贷款方式购买设备，银行为公司提供5年期的长期贷款，采用期偿还方式，每年偿还60万元本金及一部分利息。银行贷款利率为10%

年份	偿还本金	利息	本利和	折旧费	节税额	税后现金流出量	折现系数	税后现金流出量
1								
2								
3								
4								
5								
6								
合计								

方案三：通过融资租赁方式取得设备，5年后获得设备的所有权，公司每年支付租赁费60万元，租赁手续费为1%，融资利率为9%

年份	租赁成本	手续费	融资利息	租赁总成本	折旧费	节税额	税后现金流出量	折现系数	税后现金流出量现值
1									
2									
3									
4									
5									
6									
合计									

合并计算最优方案:

方案一	方案二	方案三

图 8.4 设备取得方式及资金筹集的筹划

3. 方案总结

4. 执行方案注意事项

1）现金流量现值贴现率的确定。

2）考虑企业所得税的优惠政策。

8.2 筹资方式选择的筹划

8.2.1 实训目的

通过本节的实训，使学生了解企业不同筹资方式的税收政策；掌握各种筹资方式资本成本计算；完成不同筹资方式的筹划方案设计；选择出最佳方案。

8.2.2 实训知识准备

（一）资金筹集

企业根据其生产经营、对外投资和调整资本结构等的需要，通过各种筹资渠道，采用不同的筹资方式，按照一定的程序，筹措和集中所需资金的财务活动，即为资金筹集。

（二）权益资金和债务资金

1）权益资金，也称为权益资本。其来源一是企业吸收直接投资、发行股票等方式所获得的资金，直接形成企业的实收资本（股本）和资本公积；二是企业投资者投资增值中留存企业的部分，包括盈余公积和未分配利润。权益资金具有永久性、无到期日、不需要还本付息，只需按照企业的经营状况分配红利、财务风险较小、资金成本一般较高、容易分散企业的控制权的特点。

2）债务资金，也称为负债资本。其来源是通过发行债券、借款、融资租赁、商业信用等方式筹集。债务资金具有筹资速度较快、借款弹性较大、资金成本较低、限制性条款较多、财务风险较大的特点。

（三）资金成本

资金成本是指企业在筹集和使用资金时所付出的代价，包括筹资费用和用资成本两部分。计算公式为

资金成本率＝资金使用成本÷（筹资额－资金筹集费）×100%

（四）资金结构

资金结构是企业各种长期资金的构成和比例关系，一般指长期债务与权益资金的比例。确定最佳资金结构是企业筹资管理的核心问题。资金结构是企业筹资决策的核心，资金结构是由于企业采取不同的筹资方式形成的。

8.2.3　实训流程及步骤

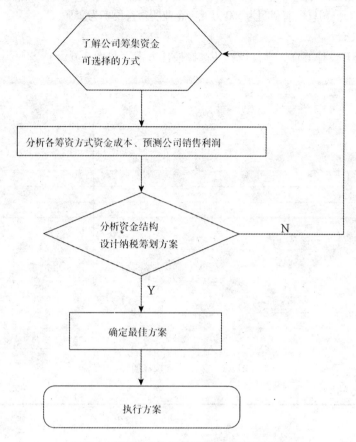

图 8.5　筹资方式选择的纳税筹划流程及步骤

8.2.4　实训时间

实训授课 1 学时，每学时 50 分钟。教师可以根据专业特点和实训需求适当调整。

8.2.5　实训体验

1. 实训资料

正达股份有限公司准备进行一高科技产品生产线的项目建设，拟筹措资金 3 000 万元。公司财务部门设计了五个筹资方案：方案一，筹集的 3 000 万元资金全部是通过发行股票筹集的，共发行普通股 300 万股；方案二，筹集的 3 000 万元资金中有 1 500 万元是通过发行股票筹集，共发行普通股 150 万股，其余资金是通过银行借款筹集，债务成本为 5%；方案三，筹集的 3 000 万元资金中有 1 000 万元是通过发行股票筹集，共发行普通股 100 万股，有 2 000 万元资金通过银行借款筹集，债务成本为6.5%；方案四，筹集的3 000万元资金中有750万元是通过发行股票筹集，共发行普通股75万股，其余资金通过银行借款筹集，债务成本为8%；方案五，筹集的3 000万元资金中有600万元是通过发行股票筹集，共发行普通股60万股，其余资金通过银行借款筹集，债务成本为9%。公司息税前利润为300万元，企业所得税税率为25%。

2. 方案设计

运用EXCEL设计筹划方案，计算并选择最佳方案（见图8.6）。

项目/方案	方案一	方案二	方案三	方案四	方案五
负债比率					
债务成本率					
息税前资金收益率					
负债额					
权益资本额					
普通股股数					
息税前收益					
利息费用					
税前利润					
所得税额					
税后净利					
权益资本收益率					
普通股每股收益额					

图8.6　筹资方式选择的筹划

3. 方案总结

4. 执行方案注意事项

1）考虑利息的偿还方式。

2）考虑筹资方式对公司资金结构的影响。

8.3　借款利息支出的筹划

8.3.1　实训目的

通过本节的实训，使学生了解企业经营中借款利息支出的税收政策；掌握不同借款对象借款利息税收扣除相关规定；能够完成借款利息支出的筹划方案设计；选择出最佳方案。

8.3.2 实训知识准备

企业所得税法规定：企业在生产经营活动中发生的合理的不需要资本化的借款费用，准予扣除。企业为购置、建造固定资产、无形资产和经过 12 个月以上的建造才能达到预定可销售状态的存货发生借款的，在有关资产购置、建造期间发生的合理的借款费用，应当作为资本性支出计入有关资产的成本。

企业在生产、经营活动中发生的下列利息支出，准予扣除：

1）非金融企业向金融企业借款的利息支出、金融企业的各项存款利息支出和同业拆借利息支出、企业经批准发行债券的利息支出可据实扣除。对由于因资金不足或其他因素影响当年应支未支的利息也应按权责发生制的要求，在当年扣除，不能跨年度扣除，避免企业所得税汇算清缴时引起不必要的纳税风险。

2）非金融企业向非金融企业借款的利息支出，按照金融企业同期同类贷款利率计算的部分可以扣除，超过部分不允许扣除。未明确同期同类的商业银行范围，本着合理性原则，在税收实践中应明确按基本存款账户的开户行确定。

8.3.3 实训流程及步骤

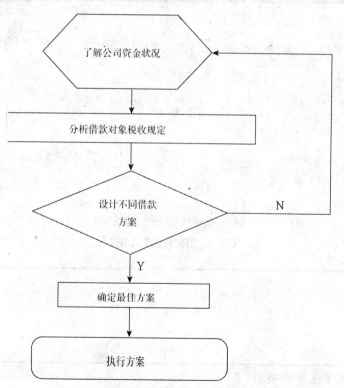

图 8.7 借款利息支出的纳税筹划流程及步骤

8.3.4　实训时间

实训授课 1 学时，每学时 50 分钟。教师可以根据专业特点和实训需求适当调整。

8.3.5　实训体验

1. 实训资料

文昌科技有限公司计划在 2012 年投资建设兴建一条新的生产线，预计投资总额为 1 000 万元，生产线的建设期为 2 年。在 1 000 万元的投资额中，生产线的资金需要量约为 800 万元。此外，还需要 200 万元的资金垫支在流动资产上。公司财务部门通过分析公司的资金状况及其结构，准备通过借款方式筹集投资项目所需要的资金。由于公司与银行之间商定的信用额度是 500 万元，因此，公司准备向其他公司再借入 500 万元资金，以满足投资项目的需要。目前银行贷款的年利率约为 6.5%，而向其他公司借款，利率约为 9% 左右。

2. 方案设计

运用 EXCEL 设计筹划方案，计算并选择最佳方案（见图 8.8）。

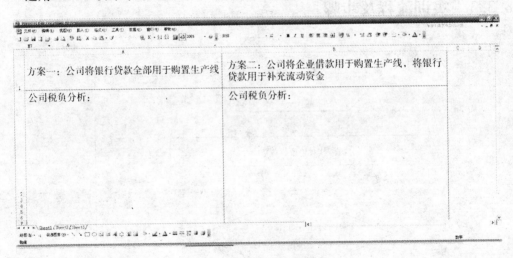

图 8.8　借款利息支出的筹划

3. 方案总结

4. 执行方案注意事项

1）其他融资方式的选择。

2）考虑银行利率的调整。

第9章　企业投资的纳税筹划实训

9.1　企业固定资产投资的筹划

9.1.1　实训目的

通过本节的实训，使学生了解和掌握固定资产投资的税收政策；能够完成固定资产更新的筹划方案设计；选择出最佳方案。

9.1.2　实训知识准备

《企业所得税法实施条例》对固定资产计提折旧的最低年限进行了限定，固定资产计提折旧的最低年限如下。

1）房屋、建筑物，为20年。

2）飞机、火车、轮船、机器、机械和其他生产设备，为10年。

3）与生产经营活动有关的器具、工具、家具等，为5年。

4）飞机、火车、轮船以外的运输工具，为4年。

5）电子设备，为3年。

税法限定了最低折旧年限，在不低于最低年限的范围内授予企业确定折旧年限的自主权。

《企业所得税法实施条例》规定，固定资产按照直线法计提的折旧，准予扣除。企业的固定资产由于技术进步等原因，确需加速折旧的，可以缩短折旧年限或者采取加速折旧的方法。可以采取缩短折旧年限或者采取加速折旧的方法的固定资产，包括：①由于技术进步，产品更新换代较快的固定资产；②常年处于强震动、高腐蚀状态的固定资产。

采取缩短折旧年限方法的，最低折旧年限不得低于规定折旧年限的60%；采取加速折旧方法的，可以采取双倍余额递减法或者年数总和法。

《企业会计准则第4号——固定资产》规定：企业应当根据与固定资产有关的经济利益的预期实现方式合理选择折旧方法。可供选择的折旧方法包括年限平均法、工作量法、双倍余额递减法和年数总和法等。固定资产的折旧方法一经确定，不得随意变更。企业至少应当于每年年度终了，对固定资产的使用寿命、预计净残值和折旧方法进行复核。使用寿命预计数与原先估计数有差异的，应当调整固定资产使用寿命。预计净残值预计数与原先估计数有差异的，应当调整预计净残值。与固定资产有关的经济利益预期实现方式有重大改变的，应当改变固定资产折旧方法。

9.1.3 实训流程及步骤

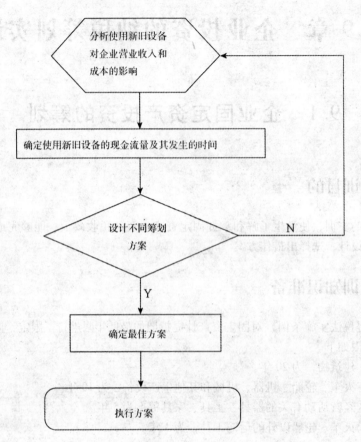

图 9.1 企业固定资产投资的纳税筹划流程及步骤

9.1.4 实训时间

实训授课 2 学时，每学时 50 分钟。教师可以根据专业特点和实训需求适当调整。

9.1.5 实训体验

＊教师引导题例

立名公司原有一台机床，四年前购入，原设备成本 200 000 元，估计尚可使用 6 年。假定期满无残值，已计提折旧 80 000 元，直线法下计提折旧，账面折余价值为 120 000 元。使用该设备每年可获得销售收入 298 000 元，每年支付的直接材料和直接人工为 226 000 元，该公司为提高产品质量和产量，准备另行购置一台全自动机床，约需 300 000 元，估计可使用 6 年，期满残值为 15 000 元。购入新机床时，旧机床可作价 70 000 元。使用新设备每年可增加销售收入50 000元，同时每年节约直接材料和直接人工20 000元。资本成本率为10%。

以下运用 EXCEL 进行企业固定资产投资的纳税筹划。

首先，建立下拉框控制项，以便观察税收节约和现金流量变化。

其次，从计算结果中决策最佳的筹划方案。

建立数据分析区，安装下拉框控制项。其他数据及简单公式输入不再赘述，此处只简单介绍下拉框控制项的安装。

1）在折旧方法处（如图9.2所示的 B8 或者 F8 单元区域）建立一下拉框控制项，其目的是实施税务筹划人员通过下拉控制项可以方便地选择所需的折旧方法，当选中某一折旧方法后，相应的折旧额和所得税将自动生成于计算表中，净现值随之自动改变。便于决策者分析和筹划，适时进行纳税调整。

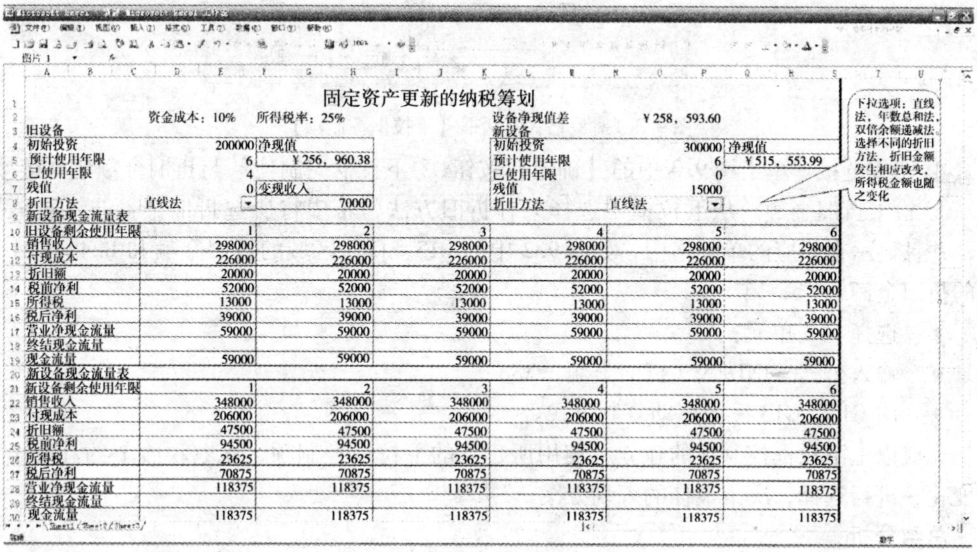

图9.2 固定资产更新的筹划

2）在建立好的数据分析区安装下拉控制项：

① 选择【下拉框控制项】按钮。单击窗体工具栏中的【下拉框控制项】按钮。

② 指定下拉框控制项的位置。在工作表上指定下拉框控制项的位置。在 B8 和 F8 所在单元格拖曳出一个矩形的"下拉框控制项"。

③ 建立下拉框控制项与折旧方法的链接。双击新建立的下拉框控制项，则显示出对象格式对话框，选择【控制】项标签，如图9.3所示。

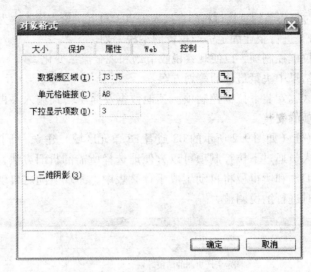

图9.3 对象格式对话框【下拉框控制项】

④ 完成链接。单击图9.3中的【确定】按钮，"下拉框控制项"与折旧金额建立链接。

⑤ 检索折旧金额。从下拉框中选择某种折旧方法，希望将所选折旧金额自动检索出来，并且显示在相应的单元格中，如图9.2中的B13：G13区域的折旧金额和B24：G24区域的折旧金额。

- 选择B13单元；
- 输入公式=INDEX（折旧金额，A8）；
- 向C13：G13区域拖动复制公式。

完成以上下拉框控制项的建立，使用所建立的下拉框控制项，观察税收节约和现金流量变化，进行选择，决策最佳的筹划方案。

总结分析：

固定资产投资中的更新决策，可以选择不同的折旧方法，使企业各年度的年现金净流量发生不同变化，从而找寻最节税的方案。通过下拉框选项的安装，可以快速明晰地找到最佳方案。年数总和法下计提折旧使得固定资产使用前期计提折旧较多，后期计提折旧较少，从而前期上缴国家的所得税就会减少，后期增加，货币又具有时间价值。因此，现金流量净现值会由于年数总和法下计提折旧而增加，所以企业可根据此变动选择最佳方案。

1. 实训资料

南煤公司有一套生产设备，购于三年前，目前考虑是否需要更新。该套设备原值60万元，预计报废残值4 000元；规定的折旧年限6年。预计该套设备尚可使用4年，直线法计提折旧；目前该设备每年运行成本10 000元；预计两年后将发生大修，修理费用为15 000元；如果现在将设备变卖，可得20万元价款收入。公司如果更新该设备，新设备的购置价格为50万元；预计报废残值6 000元；预计该设备可以使用4年，年数总和法计提折旧。新设备每年运行成本8 000元。公司所得税税率为25%，公司要求的最低报酬率为10%。

2. 方案设计

运用 EXCEL 设计筹划方案，计算并选择最佳方案（见图9.4）。

图 9.4 企业固定资产更新决策的筹划

3. 方案总结

4. 执行方案注意事项

1）考虑设备更新的相关成本和无关成本。

2）考虑新旧设备对企业收入的影响。

3）考虑设备购置的税收优惠政策。

9.2 企业投资区域及行业选择的筹划

9.2.1 实训目的

通过本节的实训，使学生了解和掌握不同投资区域、投资行业的税收政策；能够完成投资区域和行业选择的筹划方案设计；选择出最佳方案。

9.2.2　实训知识准备

《企业所得税法》规定，国家需要重点扶持的高新技术企业，减按 15% 的税率征收企业所得税。新设企业自认定成为高新技术企业资格之日起，可以享受 15% 的税收优惠政策。

"5+1"地区的高新技术企业可以享受两免三减半的税收优惠政策。依据《国务院关于经济特区和上海浦东新区新设立高新技术企业实行过渡性税收优惠的通知》，在 2008 年 1 月 1 日（含）之后完成登记注册的国家需要重点扶持的高新技术企业，在深圳、珠海、汕头、厦门、海南等五个经济特区以及上海浦东新区新设高新技术企业的，自取得第一笔生产经营收入所属纳税年度起，第一年至第二年免征企业所得税，第三年至第五年按照 25% 的法定税率减半征收企业所得税。

对设在西部地区国家鼓励类产业的内资企业和外商投资企业，在 2001~2010 年期间，减按 15% 的税率征收企业所得税。

对在西部地区新办交通、电力、水利、邮政、广播电视企业，上述项目业务收入占企业总收入 70% 以上的，可以享受企业所得税如下优惠政策：内资企业自开始生产经营之日起，第一年至第二年免征企业所得税，第三年至第五年减半征收企业所得税；外商投资企业经营期在 10 年以上的，自获利年度起，第一年至第二年免征企业所得税，第三年至第五年减半征收企业所得税。

民族自治地方的自治机关对本民族自治地方的企业应缴纳的企业所得税中属于地方分享的部分，可以决定减征或者免征。自治州、自治县决定减征或者免征的，须报省、自治区、直辖市人民政府批准。

国家对重点扶持和鼓励发展的产业和项目，给予企业所得税优惠。企业的下列所得，可以免征、减征企业所得税。

1）从事农、林、牧、渔业项目的所得。

2）从事国家重点扶持的公共基础设施项目投资经营的所得。

3）从事符合条件的环境保护、节能节水项目的所得。

4）符合条件的技术转让所得。

9.2.3 实训流程及步骤

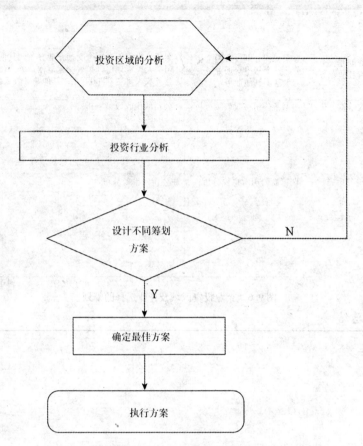

图 9.5 企业投资区域及行业选择的纳税筹划流程及步骤

9.2.4 实训时间

实训授课 1 学时，每学时 50 分钟。教师可以根据专业特点和实训需求适当调整。

9.2.5 实训体验

1. 实训资料

某公司计划 2011 年在西北地区投资创办一个新公司，从事交通运输业务和其他业务，经过市场预测分析，新公司预计全年交通运输业务收入 800 万元，其他业务收入 460 万元。预计公司利润率为 20%。

2. 方案设计

运用 EXCEL 设计筹划方案，计算并选择最佳方案（见图 9.6）。

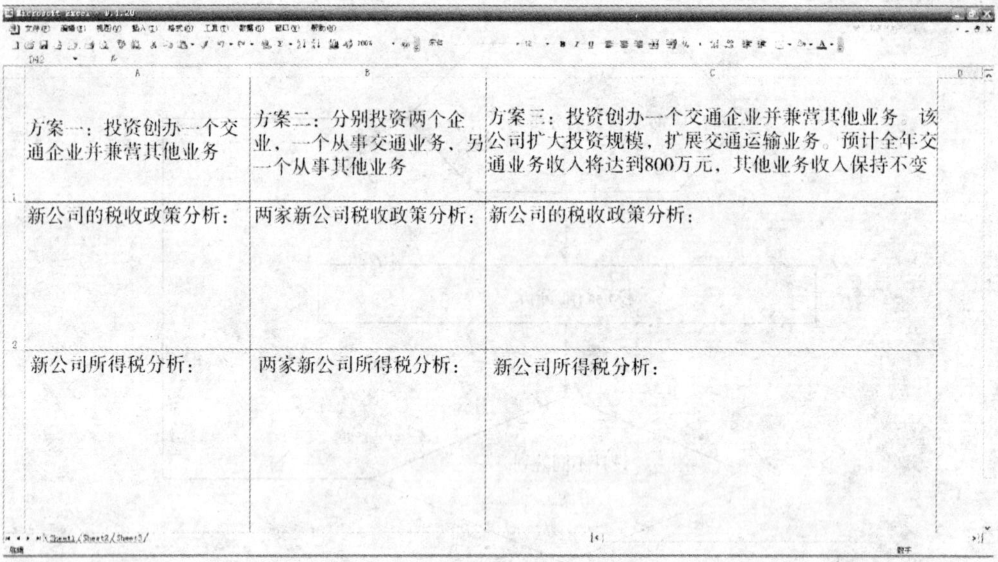

方案一：投资创办一个交通企业并兼营其他业务	方案二：分别投资两个企业，一个从事交通业务，另一个从事其他业务	方案三：投资创办一个交通企业并兼营其他业务。该公司扩大投资规模，扩展交通运输业务。预计全年交通业务收入将达到800万元，其他业务收入保持不变	
新公司的税收政策分析：	两家新公司税收政策分析：	新公司的税收政策分析：	
新公司所得税分析：	两家新公司所得税分析：	新公司所得税分析：	

图 9.6　企业投资区域及行业选择的筹划

3. 方案总结

4. 执行方案注意事项

1）考虑成立新公司的成本收益。

2）考虑该地区的市场情况。

3）考虑税收优惠政策的变化。

9.3 企业投资项目选择的筹划

9.3.1 实训目的

通过本节的实训，使学生了解和掌握不同投资项目的税收政策；能够完成投资项目选择的筹划方案设计；选择出最佳方案。

9.3.2 实训知识准备

（一）《企业所得税法》规定，企业从事下列项目的所得，免征企业所得税

1）蔬菜、谷物、薯类、油料、豆类、棉花、麻类、糖料、水果、坚果的种植。
2）中药材的种植。
3）林木的培育和种植。
4）牲畜、家禽的饲养。
5）林产品的采集。
6）灌溉、农产品初加工、兽医等农、林、牧、渔服务业项目。
7）远洋捕捞。

（二）《企业所得税法》规定，企业从事下列项目的所得，减半征收企业所得税

1）花卉、饮料和香料作物的种植。
2）海水养殖、内陆养殖。

9.3.3 实训流程及步骤

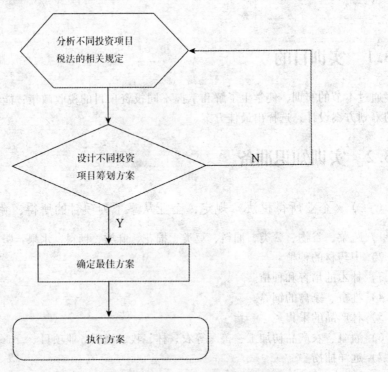

图9.7 企业投资项目选择的纳税筹划流程及步骤

9.3.4 实训时间

实训授课 1 学时，每学时 50 分钟。教师可以根据专业特点和实训需求适当调整。

9.3.5 实训体验

1. 背景资料

凯美日化公司是生产护肤护发产品的大型企业，拥有一流的技术力量、先进的生产设备。公司的核心产品为某品牌中药洗发水，有较高的市场占有率。公司为了扩大经营规模及企业未来的发展，准备进行企业并购。并购的目标有两家企业，一家是从事中药种植的盛霖公司，另一家是从事香料作物种植的津泰公司。这两家公司资产、负债情况相当，平均每年利润总额约为 800 万元。以凯美日化公司现有财力只能并购其中的一家公司。

2. 方案设计

运用 EXCEL 设计筹划方案，计算并选择最佳方案（见图9.8）。

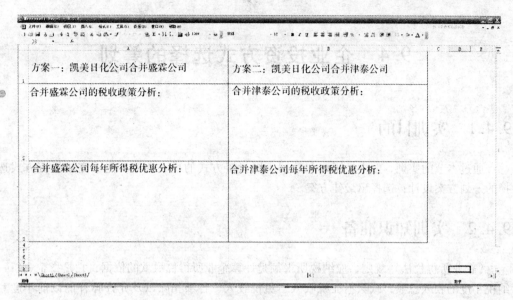

图 9.8 企业投资项目选择的筹划

3. 方案总结

4. 执行方案注意事项

1）考虑并购的成本。

2）考虑不同产品的市场前景。

9.4 企业投资方式选择的筹划

9.4.1 实训目的

通过本节的实训，使学生了解和掌握不同投资方式的税收政策；能够完成投资方式选择的筹划方案设计；选择出最佳方案。

9.4.2 实训知识准备

《企业所得税法》规定，应纳税所得额是计算企业所得税税款的依据，它是指企业每一纳税年度的收入总额，减除不征税收入、免税收入、各项扣除以及允许弥补的以前年度亏损后的余额。

税法规定企业以货币形式和非货币形式从各种来源取得的收入，为收入总额。包括以下几项。

1）销售货物收入。

2）提供劳务收入。

3）转让财产收入。

4）股息、红利收入。

5）利息收入。

6）租金收入。

7）特许权使用费收入。

8）接受捐赠收入。

9）其他收入。

收入总额中的下列收入为不征税收入。

1）财政拨款。

2）依法收取并纳入财政管理的行政事业性收费、政府性基金。

3）国务院规定的其他不征税收入。

免税收入是指属于企业的应税所得但按照税法规定免予征收企业所得税的收入。税法规定，企业的下列收入为免税收入。

1）国债利息收入。

2）符合条件的居民企业之间的股息、红利收入。

3）在中国境内设立机构、场所的非居民企业从居民企业取得与该机构、场所有实际联系的股息、红利收入。

4）符合条件的非营利组织的收入。

《企业所得税法》规定企业实际发生的与取得收入有关的、合理的支出，包括成本、费用、税金、损失和其他支出，准予在计算应纳税所得额时扣除。以下是法律规定的允许扣除的项目。

1）在年度利润总额12%以内的公益性捐赠支出。

2）企业按照规定计算的固定资产折旧。

3）企业按照规定计算的无形资产摊销费用。

4）企业发生的法律规定的作为长期待摊费用，按照规定摊销的支出。

5）企业使用或销售存货，按照规定计算的存货成本。

6）企业转让资产，该项转让资产的净值。

9.4.3　实训流程及步骤

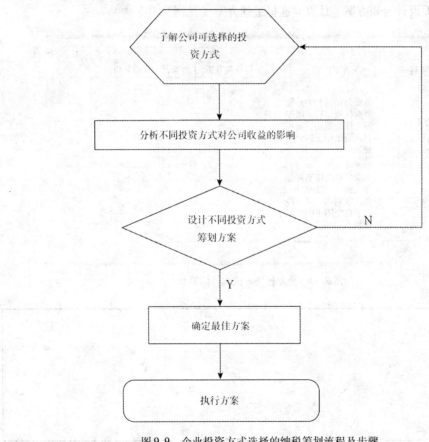

图9.9　企业投资方式选择的纳税筹划流程及步骤

9.4.4　实训时间

实训授课1学时，每学时50分钟。教师可以根据专业特点和实训需求适当调整。

9.4.5 实训体验

1. 实训资料

天安股份有限公司是某股份制商业银行的股东之一,持有该银行6%的股份。2011年天安公司准备将2 000万元资金投资于该银行。在选择投资方式时有两种选择:如果将2 000万元增加该银行注册资本,天安公司的持股比例将达到7%。预计每年可以获得的利润840万元。如果将2 000万元存入该银行,该银行的1年定期存款利率为3%,5年定期存款利率为5%。短期贷款利率(6个月至1年)为5.81%,1~3年贷款利率为5.85%,3~5年贷款利率为6.22%,5年以上贷款利率为6.4%。

2. 方案设计

运用EXCEL设计筹划方案,计算并选择最佳方案(见图9.10)。

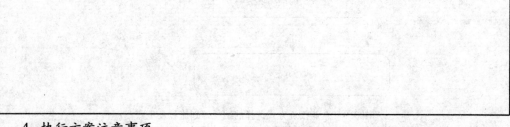

项目	方案内容	银行收益分析	天安公司收益分析
方案一	天安公司将2000万元资金投资银行,增加银行注册资金,银行将该资金用于3~5年贷款		
方案二	天安公司将该笔资金存入银行,按照5年定期存款利率。银行将该笔资金用于中长期贷款		

图9.10 企业投资方式选择的筹划

3. 方案总结

4. 执行方案注意事项

1)考虑银行利率的调整。

2)考虑货币时间价值。

参 考 文 献

邓文勇. 2005. 国家税收. 北京：中国审计出版社.

斐淑红. 2006. 纳税申报实务操作. 北京：中国市场出版社.

盖地. 2008. 税务会计与税务筹划（第四版）. 北京：中国人民大学出版社.

高金平. 2003. 纳税疑难案例精编. 北京：中国财政经济出版社.

高金平. 2003. 纳税审查技巧. 北京：中国财政经济出版社.

葛克昌. 2005. 税法基本问题（财政宪法篇）. 北京：北京大学出版社.

贺志东. 2005. 税务代理. 北京：清华大学出版社.

黄衍电. 2010. 税收筹划. 北京：经济科学出版社.

梁俊娇. 2009. 税收筹划. 北京：中国人民大学出版社.

梁俊娇. 2006. 纳税会计. 北京：中国人民大学出版社.

凌辉贤. 2009. 最新企业纳税申报与办税指南. 大连：东北财经大学出版社.

全国会计师执业资格考试教材编写组. 2004, 2005, 2006, 2007. 税法 1. 北京：中国税务出版社.

全国会计师执业资格考试教材编写组. 2004, 2005, 2006, 2007. 税法 2. 北京：中国税务出版社.

全国会计师执业资格考试教材编写组. 2004, 2005, 2006, 2007. 税收相关法律. 北京：中国税务出版社.

全国会计师执业资格考试教材编写组. 2004, 2005, 2006, 2007. 财务与会计. 北京：中国税务出版社.

苏春林. 2004. 税务代理实务. 北京：中国人民大学出版社.

王碧秀. 2005. 税务会计. 北京：清华大学出版社.

杨博. 2004. 纳税模拟. 北京：中国人民大学出版社.

朱传华. 2008. 企业与工商局、税务局、银行业务模拟实训教程. 北京：清华大学出版社.

中国注册会计师协会. 2010. 税法. 北京：经济科学出版社.

中国纳税筹划研究组. 2006. 最新企业会计准则、税收优惠政策与纳税筹划操作及合理避税案例实用手册. 北京：
    中国税务出版社.